Zu diesem Buch

Hier gibt es die einfachen Rezepte und die spannenden Anregungen für alle jene, die meinen, sie hätten kein Geschick, mit ihren Kindern mal nach Lust und Laune zu basteln.

Die Wasseruhr aus kostenlosen Glasgefäßen. Die kleine klingende Gitarre. Die geheimnisvolle «Fühl-mich-Schachtel». Zuerst sind da einfach nur Haushalts-Überbleibsel – eigentlich «Müll». Was sonst im Sammelcontainer für Papier oder Glas oder gar in der Mülltonne landet – hier wird es aufgrund der Rezepte der beiden Autoren unter den Händen der Kinder wie der Eltern zu kleinen Überraschungen, zu erstaunlichen Spielzeugen und witzigen Dingen, die den Alltag verschönen. Einmal ist es die verblüffende Verwandlung, welche uns fasziniert, zum anderen sind es die entstandenen Dinge selbst.

Für die meisten Bastelanleitungen sind nur minimale Anforderungen an handwerkliches Können und an Material sowie Werkzeug gestellt. Die Autoren haben alles in ihrer praktischen Arbeit in Elternkreisen und sozialpädagogischen Kursen erprobt und sozusagen narrensicher gemacht.

Krista Hoffmann-Pieper (Jahrgang 1953) ist Diplom-Pädagogin und gibt seit vielen Jahren Kurse zu den Themen Spielen, Spielzeug und Basteln für Eltern und Sozialpädagogen. Sie hat einen Sohn, Daniel, Jahrgang 1981.

Anregungen und Kritik bitte an folgende Adresse: Büro für wissenschaftliche Publizistik Dr. Horst Speichert, Teutonenstr. 32 b, 6200 Wiesbaden

Hier erhalten Sie auch einen Prospekt der Reihe «Mit Kindern leben» (ca. 80 Titel). Bitte schicken Sie uns einen Freiumschlag (Drucksache)

Für brauchbare Verbesserungsvorschläge gibt es ein Buch als Belohnung!

Kristina Hoffmann-Pieper

Basteln zum Nulltarif

Spiel und Spaß mit Haushaltsdingen

Fotografie: Jürgen Junker-Rösch
Zeichnungen: Stefan Mittag

Rowohlt

Dies ist ein Buch aus dem
Büro für wissenschaftliche Publizistik
Dr. Horst Speichert
Teutonenstr. 32b, 6200 Wiesbaden

Umschlag: Manfred Waller
unter Verwendung eines Fotos von
Jürgen Junker-Rösch

Bildnachweis: Jürgen Junker-Rösch, Berlin

*Ganz großen Dank an
Hans Jürgen Pieper,
ohne dessen Hilfe dieses Buch
nie fertig geworden wäre.
K. H.-P.*

22.–24. Tausend Januar 1992

Originalausgabe
Veröffentlicht im Rowohlt
Taschenbuch Verlag GmbH,
Reinbek bei Hamburg, Dezember 1985
Copyright © 1985 by Rowohlt
Taschenbuch Verlag GmbH,
Reinbek bei Hamburg
Alle Rechte vorbehalten
Satz Times (Linotron 404)
Gesamtherstellung Clausen & Bosse, Leck
Printed in Germany
980-ISBN 3 499 17955 5

Inhalt

Verpacken als Orgie
und was daraus werden kann

In unserer Kindheit füllten wir leere Spülmittel-
flaschen mit Wasser und konnten herrlich damit
spritzen. Zigarrenkisten und Konfektschach-
teln nahmen unsere Schätze auf, von denen niemand etwas wissen durfte.

Im Vergleich zu heute gab's im Haushaltsab-
fall wenig Papier oder Pappe. Auch Dinge zum
Wegwerfen aus Kunststoff wie die Spülmittelfla-
schen waren eher die Ausnahme als die Regel.
Einwegflaschen: Fehlanzeige.

Inzwischen sind wir reich geworden. Wir – jeder von uns, wenn man den Durchschnitt er-
rechnet! – leisten es uns, im Jahr in etwa so viel
in den Müll zu tun, wie wir für unsere Urlaubs-
reise ausgeben. Das hat vor kurzem die Zeitschrift «natur» ermittelt. Fast zehn Prozent des
Jahreseinkommens investieren wir in nichts als
Verpackung. Meistens übrigens, ohne es zu wollen. Anders bekommen wir gar nicht mehr, was
«drin» ist und was wir brauchen.

Da haben wir sie also im Haus, die vielen
Drumherum-Dinge. Sie wissen ja längst, daß es
sich dabei keineswegs um Müll handelt, sondern

um Rohstoffe. Auch wenn uns an mancher Stelle der Republik bisher noch nichts anderes übrigbleibt, als sie der Müllabfuhr zu überantworten. Aber vielerorts gibt's inzwischen Sammelcontainer für Altpapier, Aluminium oder Glas. Aber statt nun unsere schönen bunten Verpackungsdinge dem einen oder dem anderen zu übergeben, legen wir einiges davon beiseite.

Es macht Spaß, mit unseren Kindern aus diesen Dingen auszuwählen, um damit zu experimentieren und zu basteln. Die Wasseruhr aus Glasgefäßen, die geheimnisvolle Fühl-mich-Schachtel oder die kleine Gitarre.

Oder wir gehen einfach auf Entdeckungsreise, versuchen uns mit unserer eigenen Fantasie, mit eigenem Nachdenken, erproben unsere Geschicklichkeit.

Die meisten Vorschläge unseres Buches sind bewußt einfach gehalten. Sie sollen Ihnen und Ihren Kindern den Einstieg ins Selbermachen *Jeder kann es!* ermöglichen. Unsere kleinen Basteleien aus Glas, Metall, Holz, Papier sehen wir wie kleine Inseln in einer Landschaft an, in der Sie selber sehr viel zu entdecken und zu bestellen haben. Wir geben Ihnen die Stützpunkte, die Entdeckungsreisen machen Sie mit Hilfe unserer Tips!

Unsere Vorschläge, so denken wir, werden Sie zu eigenem schöpferischem Tun, zu eigenen Erfindungen, zu jenem Spaß anregen, den es bringt, wenn man anfängt, selber zu probieren.

Die Kinder haben es da besonders gut, ihre Phantasie ist noch sehr direkt. Diese Phantasie hilft ihnen, im Schuhkarton schon das Haus zu sehen, das wir dann daraus machen. Die Tüte ist schon der Hut, der dann nach und nach unter unseren Händen daraus entsteht. Und so sehen die Kinder schon den Dosenmann, während wir noch dabei sind, ihn aus verschiedenen Weißblechdosen wachsen zu lassen.

Verpacken als Orgie

Am Anfang ist das Sehen, Fühlen, Riechen, auch Schmecken – dann fängt das Untersuchen an und schließlich das Probieren. Der Karton ist hohl, läßt sich verkehrtherum legen; schon ist er Teil eines Spiels. Je ungestörter Kinder gelernt haben, mit Dingen umzugehen und sie zu «erforschen», desto mehr sind die Dinge für sie, desto mehr machen sie auch daraus.

Unter den Kreationen dieses Büchleins sind auch einige, welche die Sinne unserer Kinder besonders herausfordern:

Sie streicheln den «schlafenden Igel» in der Fühl-mich-Schachtel; erkennen mit Hilfe der Nase am Geruchbrett, was die Dose einst verbarg; sie raten, welche Gegenstände in der Rassel verborgen sind.

Basteln zum Nulltarif: Bei unserer Sammlung von neuen und alten Ideen zu diesem Thema kam es uns besonders darauf an, einfache Vorschläge zu machen, die sich komplikationslos in den Alltag einbauen lassen.

Den Abfall mit anderen Augen sehen

Einzige Voraussetzung: Wir fangen an, aus unseren Abfällen auszuwählen, was wir beiseite legen – Vorschläge für ein entsprechendes Sammelsystem finden sich auf den folgenden Seiten.

Wenn uns dann Lust und Laune danach sind, kann es losgehen. Wo der Abschaltknopf des Fernsehers ist – das wissen wir ja. Und wer sich erst einmal auf die vielen schönen

Spielereien eingelassen hat, der schaltet gar nicht erst ein.

Also: Viel Vergnügen!

Berlin, im Juli 1985

Kristina Hoffmann-Pieper

Vorbereitungen

Basteln zum Nulltarif: Wir können praktisch alles, was zur Verpackung von Konsumgütern verwendet wird, gebrauchen. Um für unsere Basteleien gewappnet zu sein, beginnen wir die Aktion Eichhörnchen: eine systematische Sammlung und Aufbewahrung von solchem Kram, der uns zu vielen schönen Stunden und Bastel-Ergebnissen verhelfen wird.

Basteln zum Nulltarif setzt also voraus, daß man seine Sammelleidenschaft kanalisiert. Wir haben das so gemacht, daß wir für die verschiedenen Materialien große Papiertüten genommen haben, in denen wir Gegenstände aus Glas, Metall, Pappe usw. sammeln.

Die Papprollen-Tüte

Außer einer großen Papiertüte kann man natürlich auch einen Karton oder eine Waschmitteltonne benutzen, um die Kleinmaterialien aus Pappe zu sammeln. Solche können sein:

- Klopapierrollen
- Küchenkrepprollen und andere ähnliche Rollen
- Eierkartons
- Käse- und andere kleine Schachteln aus Pappe oder/und Holz
- Bierdeckel
- Streichholzschachteln
- kleine Rollen von Klebeband

Der Papierstapel

Mit dem Papier gehen wir anders um. Dafür haben wir uns einen Papierstapel angelegt.

Was tut man sinnvollerweise auf den Papierstapel?
- Kataloge und Illustrierte
- Werbeprospekte
- gebrauchtes Geschenkpapier
- Zeitungen

Besonders günstig ist es, Drucksachen auf den Papierstapel zu legen, die schöne große, farbige Flächen haben oder schöne große Fotos.

Die Metallkiste

Im Haushalt begegnet uns Metall meistens als Dose: in den verschiedensten Größen und Formen von der Tomatenmarkdose über die ovale Sardinendose, die 850-ml-Erbsendose bis hin zur Riesenbockwurstdose. Es ist wichtig, Dosen mit und ohne Deckel (manche Dosen kann man leeren, wenn man nur zwei Löcher hineingemacht hat) zur Verfügung zu haben.

Außerdem gehören in den Metallsammelbehälter, so sie im Haushalt anfallen,
- Spulen vom Schreibmaschinenband
- Kronkorken und andere Flaschenverschlüsse (die man zweckmäßigerweise aber besser separat aufbewahrt)
- Nägel, Schrauben, Beschläge, Fahrradschutzbleche und -speichen etc.

Die Holztüte

An Gegenständen aus Holz können wir im Haushalt ab und zu beiseite legen:
- Holzreste vom Basteln bzw. Hobbyarbeiten
- alte Kochlöffel
- Bügel
- Strohhalme
- Korken

Die Glastonne

Wenn man sich Gläser fürs Basteln zurücklegt, ist es sinnvoll, die Deckel drauf zu lassen. Diese sollten vorher nicht angepiekst oder verbogen werden. Kleiner Tip: Gläser lassen sich dann meist gut öffnen, wenn man sie mit dem Deckel nach unten zwei-, dreimal kräftig auf den Tisch knallt. Keine Angst: Das Glas geht nicht kaputt.

Welche Gläser sind brauchbar und nützlich?
– Babynahrungsgläser
– Gläser von Oliven und anderen Gewürzen
– Kapernröhrchen
– auch kleinere Flaschen sind geeignet
– größere Restteile von unansehnlichen oder auch zerbrochenen Spiegeln
– Glühbirnen

Außerdem sammeln wir:

Schnüre, Bänder von Geschenkpackungen und Paketen; auch die Netze, in denen man manchmal Apfelsinen oder anderes Obst nach Hause trägt, Stoffreste, Knöpfe, Lederreste.

Und darüber hinaus benötigen wir einiges, was es nicht oder jedenfalls nur per Zufall zum Nulltarif gibt:

Ringschrauben, Leim und Klebstoff, der keinen Eigengeruch hat (z. B. durchsichtiger Flüssigkleber), Klebeband, Nylonfaden, Farben und Heftklammern. Im Einzelfall wird man auch mal Bindfaden kaufen müssen (wenn der häusliche Vorrat gerade ausgegangen ist und schon länger kein Paket mehr von der Oma gekommen ist).

Kapitel 1

Zauber, Zauber-Zeitung

Wo steht es – das hohe Lied auf die Zeitung? Nein, nicht das Lob dieser morgendlichen Situation mit Brötchen, Kaffee und Marmelade ist gemeint, die ohne die Zeitung nicht denkbar ist – sondern, ja zum Beispiel, wenn die Frau auf dem Fischmarkt nach hinten greift, um die Zweitverpackung für die Bücklinge zu holen. Oder wenn Opa Meier sie im Park aus der Manteltasche zieht, um sie auf die Parkbank zum Draufsetzen zu legen. Und worin sollte unser Gemüsehändler wohl die Salatköpfe einschlagen? Ganz zu schweigen davon, daß Tante Emilie gelegentlich mit der zusammengefalteten Zeitung die blutrünstigen Stechmücken zu jagen pflegt – oder auch mal eine von diesen störenden surrenden dicken Fliegen. Die Kinder in aller Welt falten Schiffchen aus «Le Monde» oder der «Prawda», setzen sie – wenigstens, wenn sie in Ferien sind – auf die Wellen des Bergbaches, auf denen sie eilig davonstreben. Und Onkel Herse legt nicht nur den Boden damit aus, wenn er seine Wohnung tapeziert, nein, er macht sich auch noch ein schickes Malerhütchen, um seine 23 Haare gegen etwaige abtropfende Deckenfarbe zu schützen.

All diesen und den vielen anderen bekannten Verwendungsmöglichkeiten der Zeitung wollen wir hier noch einige hinzufügen.

Dabei gehen wir von der schlichten Tatsache aus, daß diese flatterhaften täglichen Blätter auch stark und belastungsfähig werden können. Wie? Nun, aufgepaßt: Für etliche der Vorschläge in diesem Kapitel brauchen wir Zeitungspapier in einer ganz bestimmten Form, nämlich als eines der beiden «Grundelemente», deren Herstellung wir im folgenden beschreiben. Und die sind es dann!

Zeitung kann echt stark sein!

Die beiden «Grundelemente»

In diesem Kapitel geben wir eine Reihe von Anregungen, die auf der Verwendung eines überall vorhandenen und allseits bekannten Materials, der Tageszeitung, beruhen.

Bei den meisten unserer Vorschläge verwenden wir zwei Grundelemente, welche aus dem Zeitungspapier hergestellt werden: die Rolle und den Streifen.

Beginnen wir mit dem *Streifen*. Um dieses «Fertigteil» herzustellen, das wir manchmal auch in größerer Menge benötigen, legen wir ein normales Zeitungsblatt (kein Doppelblatt!) auf den Tisch und falten es auf die Hälfte. Dann beginnen wir an einer Schmalseite, das Blatt zusammenzufalten, indem wir es alle zwei Zenti-

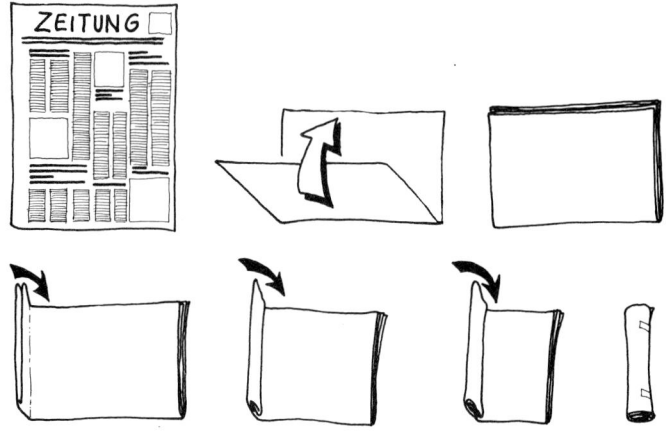

meter knicken. Den fertigen «Streifen» machen wir durch Zusammenkleben mit Klebeband «haltbar».

Für andere Zwecke können wir auch breitere oder, indem wir mehrere Blätter nehmen, stärkere Streifen herstellen. Wenn wir ganz lange Streifen benötigen, falten wir nicht von der Schmalseite, sondern von der Langseite aus.

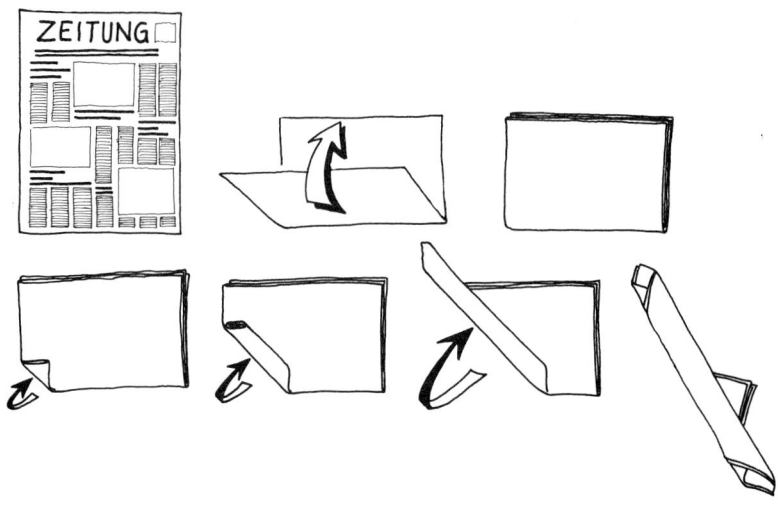

Die *Rolle*: Auch von ihr können wir verschiedene Stärken und Größen herstellen. Unsere Standardrolle entsteht folgendermaßen: Wir nehmen fünf Doppelseiten unserer Zeitung, falten sie ganz auf und legen sie übereinander – und zwar ganz exakt. Nun wird der Stapel einmal über die Längsachse gefaltet. Mit einem Messer schneiden wir die fünf Blätter an dieser Längsachse auseinander. Bevor wir mit dem Rollen beginnen, wird ein etwa zwei Zentimeter breiter Falz an einer der beiden Schmalseiten angebracht, an der wir dann auch beginnen, die Papierlage aufzurollen. Dabei achten wir darauf, daß wir fest rollen und die Blätter nicht «auseinanderlaufen».

Die fertige Rolle wird mit Klebeband befestigt.

Auf den folgenden Seiten geben wir einige Beispiele davon, was aus diesen beiden Grundelementen und ihren möglichen Variationen in Größe und Dicke gebaut und gemacht werden kann.

Zauber,
Zauber-Zeitung

Pinselständer und Wasserfarben-Malunterlage

Besonders wenn kleine Kinder ihre ersten «Gehversuche» mit Aquarellfarben machen, gibt es oft Überschwemmungen und Farbkatastrophen auf dem Tisch.

Man kann natürlich versuchen, die Kinder in

Unsere Malunterlage macht Eltern toleranter

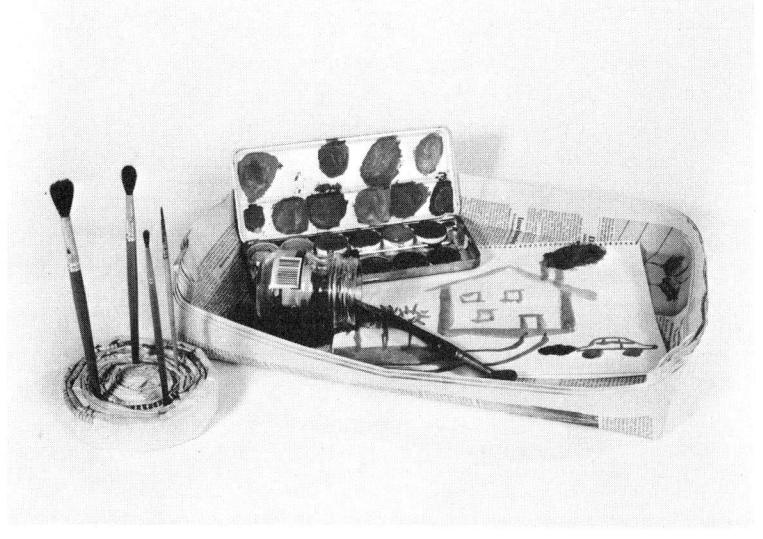

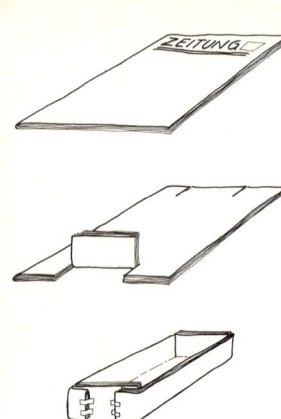

diesem Moment zu «erziehen», indem man immer wieder schimpft und mahnt, man kann es sich aber auch einfacher machen, indem man unsere bewährte *Malunterlage* herstellt. Die hilft den Kindern im übrigen, den akkuraten Umgang mit Wasser und Farbe von allein zu lernen.

Man nehme eine Zeitung (möglichst eine Wochenendausgabe). Diese wird ungefaltet und unaufgeschlagen auf unserem Arbeitstisch plaziert. Mit Hilfe einer Schere wird sie an allen vier Ecken eingeschnitten. Wir wollen z. B., daß der Rand der Malunterlage vier Zentimeter hoch wird. Das heißt: Wir schneiden vom Zeitungsrand aus vier Zentimeter in die Seite hinein. Und das heißt zugleich: Dieser Schnitt geschieht vier Zentimeter von der Zeitungsecke entfernt (siehe Skizze). Dann biegen wir die so entstandenen Ränder des Zeitungsblattes hoch und formen daraus den Rand des Papiertabletts, das Wasserfarben und Wasserbecher aufnimmt und in dem sich alles, was danebengegangen ist, tummeln kann.

Eine weitere gute Hilfe, am besten gleich mehrfach hergestellt, ist der *Pinselständer* Marke «Britz»*.

Zu seiner Herstellung benötigen wir eine größere Menge Papierstreifen, möglichst in der Langversion. Diese werden aneinandergeklebt und zu einer Schnecke aufgerollt. Mit Hilfe von Klebeband (das wir oben und unten auf die Schnecke kleben) sorgen wir dafür, daß die Schneckenform erhalten bleibt. In die Mitte dieses auch als Untersetzer verwendbaren Gebildes kann nun der Pinsel – Farbe nach oben – gesteckt werden. Mit der Zeit wird das Ding bunt und immer ansehnlicher.

* «Britz» heißt der Berliner Stadtteil, in dem die Autorin wohnt.

*Es macht einfach
Spaß mit Selbst-
gemachtem*

Der Netzfänger

eine Zeitungsrolle
ein Streifen (Langversion, besonders stabil!)
ein Apfelsinennetz, welches direkt am Ver-
schluß aufgeschnitten wurde

Aus dem Streifen formen wir einen Ring. Dieser wird mit Hilfe von Klebeband fest mit der
Rolle verbunden, welche den Griff des Netz-
fängers abgeben muß. Nun nehmen wir das
Apfelsinennetz und befestigen es mit Hilfe
eines Büroheftgerätes an dem Ring. Wo sich
die Heftklammern mit ihren Spitzen zeigen, si-

chern wir unseren Netzfänger mit Klebestreifen. Natürlich kann das Ganze jetzt auch noch schön bunt angemalt werden.

Spielregel: Man nehme einen kleinen Gummi- oder auch einen Tennisball. Geworfen wird mit der Hand. Unser Netzfänger dient dem Fangen. Mit der Zeit lernen wir, unsere Fangbewegung dem ankommenden Ball anzupassen und ihn so sanft «abzubremsen».

Das Wurfringspiel

eine feste Papierrolle
Streifen verschiedener Dicke und Länge
eine Klorolle
Buntes vom Papierstapel
evtl. Farbe

Die Papierrolle – sie sollte sehr fest sein – wird am unteren Fuß mit Papierstreifen umwickelt, so daß ein schneckenförmiger Fuß (Ständer) entsteht. Dieser sollte einen Durchmesser von 20, besser sind 25 cm, haben. Wir achten darauf, daß die Schnecke fest gewickelt wird, damit unser Ziel für das Wurfringspiel eine gute Standfestigkeit hat. Nichts ist ärgerlicher, als wenn unser Zielstab bei jedem zweiten Wurfversuch umfällt. Zur Verschönerung des Zielstabs benutzen wir die Klopapierrolle, welche mit farbigen Fundsachen aus der Illustrierten oder aus dem Katalog beklebt wird. Aus demselben Material geben wir ihr ein «Hütchen», welches verhin-

*Warum kompliziert,
wenn's auch einfach
geht*

dert, daß sie über den Zielstab nach unten
rutscht.

Um aber mit dem Spiel anfangen zu können,

27

brauchen wir noch die Wurfringe. Wir haben ja schon Streifen verschiedener Längen zurechtgelegt. Aus diesen formen wir nun die Wurfringe verschiedener Größe. Wenn wir sie mit Farbe bemalen, ist es ganz sinnvoll, die einzelnen Größen in derselben Farbe zu halten.

Spielregeln:

1. Wir fangen mit den großen Ringen an. Wenn wir es alle damit schaffen, gehen wir zur nächstkleineren Sorte über.

2. Die Erwachsenen nehmen die kleinen Ringe, die älteren Kinder die mittleren und die ganz kleinen Kinder die großen Ringe.

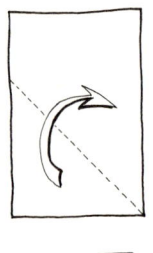

Fang den Korken!

ein einzelnes Zeitungsblatt
ein Korken (z. B. von einer Weinflasche)
ein Stück Bindfaden von etwa 20–30 cm Länge

Aus dem Zeitungsblatt machen wir einen Becher. Und das geht so, wie es auf den Skizzen am Rande gezeigt wird. Beim fertigen Becher machen wir am oberen Rand ein Loch (am besten mit einem Locher, weil dann das Loch nicht so leicht ausreißt), durch welches wir das eine Ende des Bindfadens ziehen und verknoten. An das andere Ende des Bindfadens kommt der Korken.

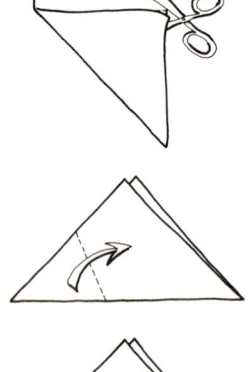

Unser Spiel: Wir werfen den Korken an der Schnur in die Höhe und versuchen, ihn wieder einzufangen. Wenn der Kindergeburtstag bevorsteht, brauchen wir natürlich mindestens ein halbes oder sogar ein ganzes Dutzend von diesem Spiel, damit sich alle auf einmal an den Korken versuchen können.

Übrigens: Je länger die Schnur, um so schwieriger das Fangen und um so größer der Spaß!

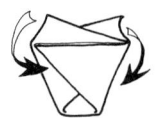

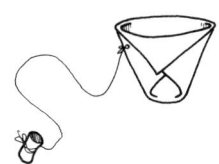

*Richtig üben macht
den Meister*

Der Frisbee-Stern

vier Streifen (mittleres oder kleineres Format)
Klebeband
Bindfaden

Seit Jahren ist die Frisbee-Scheibe die Attraktion an allen Stränden Europas.

Was aber tun, wenn man das Ding vergessen hat? Richtig: Zeitungen gibt es überall.

Wir machen vier Streifen und legen diese so übereinander, daß sich der Stern ergibt, welchen wir mit Hilfe von Klebeband in der Mitte zusammenhalten. Den Bindfaden «flechten» wir, indem wir ihn abwechselnd über und unter den Zacken hindurchziehen, um das Zentrum herum. Er gibt dem Frisbee-Stern die notwendige Flugfestigkeit.

Mit roter Farbe angemalt wird er nochmal so fesch

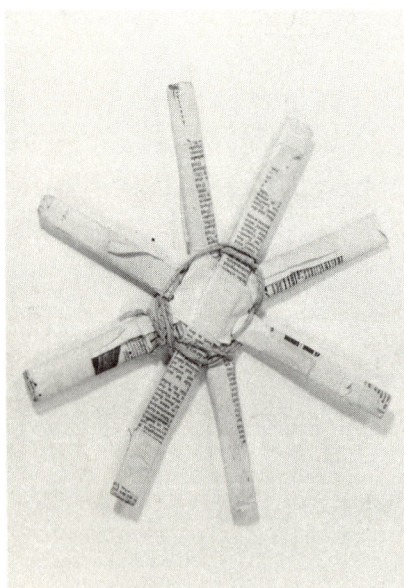

Und hier noch einige Tips und Anregungen

Papierringe

Zeitungspapierringe haben eine erstaunliche Festigkeit. Sie eignen sich z. B. auch fürs *Jonglieren*, jedenfalls für die ersten Versuche.

Mit dem *Papierring auf dem Kopf* kann man sich Federn anstecken, man kann auch Papierstreifen hinten dranhängen, aber auch ohne allen jeden Zierrat dient er dazu, das flatternde Haar festzuhalten.

Wer keine Haare hat, ergänzt den Papierring mit Papierstreifen. Und schon ist die *Perücke* fertig.

*... von einfach
königlicher Anmut*

Das Rollenhaus

Während der Arbeiten an diesem Buch sind wir auf eine Idee gekommen, die wir leider, weil das Zeitungspapier zu Ende gegangen war, noch nicht in die Tat umsetzen konnten.

Beim Herumprobieren mit den Rollen haben wir festgestellt, daß sie ein sehr gutes Baumaterial darstellen, das auch für größere Konstruktionen trägt. So hätten wir am liebsten ein richtiges kleines Haus aus diesen Rollen gebaut.

Wer schafft das Rollenhaus

Nachdem es bei uns nun leider nicht geklappt hat: Wer von den Leserinnen und Lesern schafft es? Vielleicht ist ja eine Kindertagesstätte oder ein Kinderladen in der Lage, diese riesigen Mengen an Rollen aus Zeitungspapier zu machen, um dann den Bau zu erstellen. Wer's schafft, soll ein Foto machen und uns einschikken. Wir belohnen die Einsender mit einem Buchgeschenk und veröffentlichen das Foto.

Und nun noch einige Anregungen für die Verwendung der völlig unbearbeiteten Zeitungsseite.

Schlagzeilen-Twist

So fangen wir das Kinderfest am besten mit einem Zeitungs-Tanz an. Vom Kassettenrecorder tönen fetzige Rhythmen, die in die Beine gehen. Die Tänzer haben alle Zeitungen unter den Füßen. Plötzlich wird die Musik unterbrochen, alle hören mit dem Tanzen auf und halbieren die Zeitungsseite. Wer dabei den Boden mit den Füßen berührt, ist «out». Der Tanz beginnt von neuem. Das Spiel wird so lange fortgesetzt, bis nur noch ein Tänzer übrig ist.

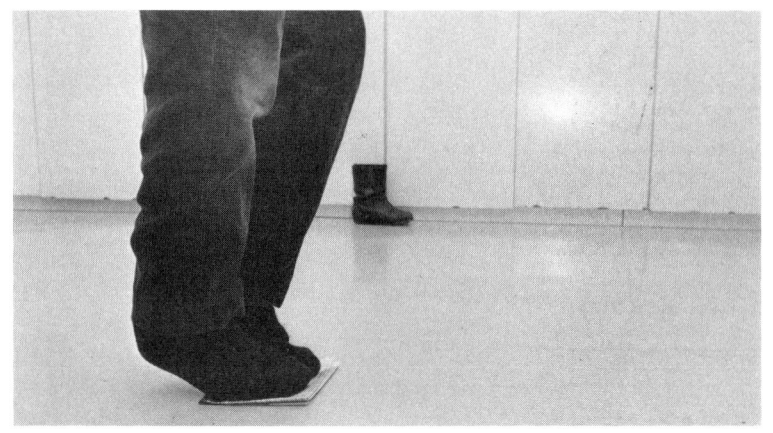

Besonderen Spaß macht dieses Spiel, wenn zwei auf einer Zeitungsseite tanzen

Das Spring-du-zieh-ich-Spiel

Auch bei unserer zweiten Idee wird die Zeitung zweckentfremdet, indem wir sie unter die Füße statt unter die Nase nehmen. Und wieder handelt es sich um ein Partnerspiel, das sogenannte Spring-du-zieh-ich-Spielchen.

Eine(r) steht auf der zusammengelegten Zeitung, der (die) andere kauert daneben. Auf Kommando springt, wer oben steht, nach vorne, wer unten sitzt, zieht die Zeitung blitzschnell nach vorne, so daß der Springer wieder auf der Zeitung landet. Aufeinander eingespielt sein ist bei diesem Spiel alles. Paare, die gut miteinander harmonieren, liegen bald ganz vorn.

Ein Glas durch den Tisch schlagen!

Melanie sitzt hinter dem Tisch und hat alle vor sich versammelt. Sie hat angekündigt, daß sie die Münze tatsächlich verschwinden lassen

33

kann, die vor ihr auf dem Tisch liegt. In der Hand hat sie ein Glas. Nun stülpt sie das Glas über die Münze. Anschließend umwickelt sie das Glas mit der dicken Zeitung, welche sie ebenfalls neben sich liegen hatte.

Was keiner sieht: Auf ihrem Schoß hat sie ein

Tuch ausgebreitet. Nun tippt sie auf das Glas und murmelt: «Abrakadabra, Geld ist 'ne Sünde, darum Münze, o Münze verschwinde!» Sie nimmt das Glas mit der darumgewickelten Zeitung hoch. Aber, o Graus, die Münze ist noch da. In diesem Augenblick – keiner merkt

es – läßt sie das Glas aus der umhüllenden Zeitung in das Tuch auf ihrem Schoß fallen.

Sie stellt nun die Zeitung wieder über die Münze, nachdem sie sich bei ihren Gästen in aller Form entschuldigt und erklärt hat, daß sie gar nicht verstehen könne, wieso es diesmal nicht geklappt hat. Und sie fügt hinzu: «Da muß ich doch wohl fester zuschlagen!»

Sie murmelt wieder ihren Spruch, holt weit aus und schlägt nun mit aller Kraft auf das Papier. Da die Zuschauer darunter noch immer das Glas vermuten, erschrecken alle fürchterlich. Und genau das, die Schrecksituation herbeizuführen und die anschließende große Erleichterung, welche sich in befreiendem Lachen äußert, wenn die Zuschauer begriffen haben, was gespielt wurde – genau das ist der Witz dieses Spiels.

Kapitel 2

Mit Illustrierten,
Bierdeckeln und Papier

Glatt sind sie und bunt, und die tollsten Fotos finden wir in ihnen, den Illustrierten. Doch so toll sie auch scheinen mögen, auch sie sind Wegwerfprodukte, heute gesehen, morgen schon fort. Nur die tollsten von den tollen Fotos, die glänzendsten von den glänzenden Farbflächen, die komischsten von den großen Überschriften, die eindrucksvollsten von den bunten Sachen landen bei uns auf dem Papierstapel. Schließlich verschönern wir mit ihrer Hilfe nicht nur eine Menge von Dingen, die wir aus Holz, Blech oder Glas herstellen – nein, wir benutzen auch den strahlenden Glanz dieses Mediums selber für unsere Bastelideen.

Manchmal werden wir dann selber Hochglanzredakteure. Wir schneiden aus und arrangieren neu. Witzig und frech. Die Schokoladen-Werbe-Kuh bekommt respektlos den Kopf eines bekannten Politikers auf den Hals gedrückt. Der Hockeyspieler läuft plötzlich dem Puck mit einer Sektflasche als Schläger hinter-

37

her. Verkehrte Welt, und wir bekommen einen Schimmer, wie man sie richtig stellt.

Klebebilder sind übrigens gerade für kleine Kinder ein großes Vergnügen. Wie man sie dazu motiviert? Selber anfangen ... Dann klappt's schon irgendwann. Bloß keinen Aufwand treiben. Das ist immer falsch.

Der Menü-Anzeiger

ein Kochlöffel aus Holz
Nägel
Pappe
Fotos aus Illustrierten oder Bilder aus alten Büchern von all den Dingen, die wir gern essen und die es mittags geben soll

In unserer Kindertagesstätte wußte selten jemand Bescheid darüber, was es zum Mittagessen gibt. Außer der Köchin natürlich. Bei den Erzieherinnen konnte es schon mal sein, daß sie es wußten. Sicher war es aber auch nicht. Die Kinder aber waren meistens ganz arm dran.

Da ist jemand auf die schlaue Idee gekommen, den täglichen Menü-Anzeiger zu basteln. Und der hatte großen Erfolg.

Als erstes versucht man herauszufinden, was alles im Laufe der Zeit auf dem Speiseplan steht. Danach forstet man Illustrierte, Kataloge und Bücher durch, um Abbildungen dieser Köstlichkeiten zu finden – von der Ananas bis zur Zucchini.

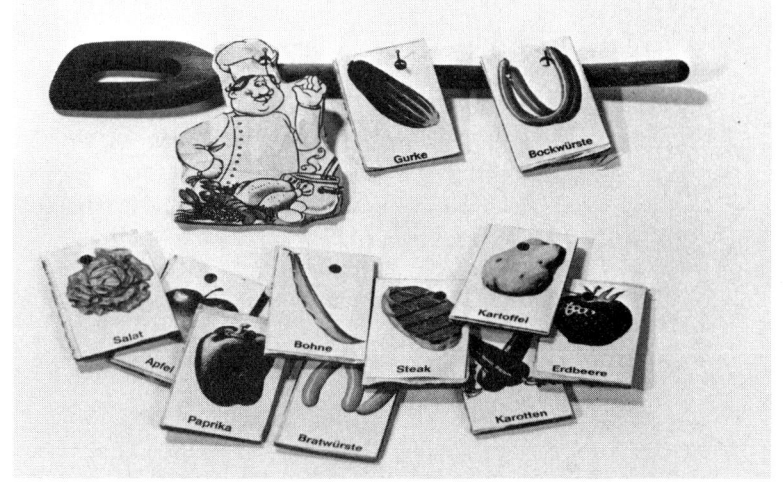

Die Bilder sollten möglichst in etwa gleicher Größe zeigen, was zu zeigen ist. Sie werden ausgeschnitten und auf Karton (zweckmäßig ist etwa Größe 5 × 5 cm) aufgeklebt. Jedes Bildchen erhält mit Hilfe des Lochers am oberen Rand ein Loch, was sich alsbald als nützlich erweisen wird. Nämlich, um das tägliche Menü zu zeigen (das kann natürlich auch zu Hause gemacht werden), wird ein Kochlöffel mit mehreren Nägeln versehen, an denen die Kärtchen aufgehängt werden können. Diesen Kochlöffel bringen wir nun dort an, wo alle ihn täglich mehr als einmal zu Gesicht bekommen.

Jetzt geht es nur noch darum, einen dafür auszugucken, der dafür verantwortlich ist, das tägliche Menü auszuhängen.

Und nun wissen alle (hoffentlich), was es heute zu essen gibt. Hauptsache, es schmeckt auch!

Kleiner Tip: Es rentiert sich, immer einige Blanko-Kärtchen für unvorhergesehene Gerichte vorrätig zu haben.

Anmerkung: Auf die gleiche Art und Weise können wir, besonders wenn es uns möglich ist, Bilder doppelt zu finden (z. B. wiederholen sich Anzeigen in Illustrierten sehr häufig), Bilderlotto oder Merkspiele, Quartette und dergleichen mehr herstellen.

Engelchen und Bengelchen

zwei gleich große Bilder von ähnlichem (vom Illustriertenstapel)
festes Papier
1 Schaschlikspieß

Und hier noch eine Idee, die so und so zu verwirklichen ist. Unser Beispiel (s. Foto) haben wir in einer Illustrierten gefunden: Engelchen und Bengelchen, so in der Größe aufeinander abgestimmt, daß wir unser Spielzeug mit ihrer Hilfe machen konnten.

Wie Engelchen und Bengelchen eins werden

Erklären wir zunächst, wie das Ganze funktioniert. Eines unserer beiden Fundstücke haben wir auf Karton aufgezogen. Unser zweites Fundstück kam auf ein gleich großes Stück festes Papier. Das haben wir mit dem oberen Rand oben am Karton befestigt, und unten haben wir einen Schaschlikspieß festgeklebt. Nun konnte die Spielerei losgehen: Bengelchen aufrollen, und schon erscheint das Engelchen.

Wenn wir schnell vorwärts und rückwärts rollen, werden die beiden sozusagen «eins».

Wer eine Vorliebe für Politiker hat, der wird in Illustrierten fündig werden. Und er kann Da-

men und Herren, die so gegensätzlich sind wie Aus Illustrierten
Strauß und Kohl, miteinander verschmelzen
lassen.

Wir haben es bei dieser Gelegenheit auch mit
der Poesie probiert. Und hier ist unser Gedicht:
Unser Pappe-Engelein
wollte mal ein Teufel sein.
Mit Schnelligkeit auf- und abgerollt,
es ständig mit dem Teufel tollt.

Und noch mehr aus Illustriertenpapier

Bei unserem Umgang mit Illustrierten und den
daraus «gewonnenen» Bildern sind wir auf eine
Reihe hübscher kleiner Ideen gestoßen, von denen wir hier einige weitergeben möchten.

Für unseren Sohn Daniel haben wir z. B.
einen **Wochenplan** gemacht. Auf diesem sind
jene Aktivitäten, die jede Woche wiederkeh-
ren, mit Hilfe von Bildern aus Illustrierten dar-
gestellt. Z. B. ist am Montag in der Kindertagesstätte der «Fahrradtag». Und am Samstag ist

41

Oma-Tag. Ab und an stehen wir mit Daniel vor diesem Plan und reden darüber, was in dieser Woche schon vorbei und was noch zu erwarten ist.

Wenn wir Kisten und Schachteln zum Aufbewahren von Krimskrams benutzen, ist es schon fast eine Selbstverständlichkeit, daß ihr Inhalt mit Bildern außen gezeigt wird, die ebenfalls aus dem Fundus der Illustrierten und Prospekte stammen – ob es sich nun um Schreibutensilien, Aktenordner oder sonst etwas handelt.

Und zum Schluß noch der ganz heiße Tip mit der **Überraschungs-Illustrierten.** Am besten funktioniert das natürlich, wenn man bei Oma zu Besuch ist und diese gerade die neueste Ausgabe bekommen hat. (Es geht natürlich auch mit einer älteren.) Wir kleben im Heft zwei Seiten unten und an der Seite mit ein paar flüchtigen Kleberstrichen zusammen. Keiner sieht es. Und dann hinein mit der Überraschung, z. B. einem falschen Zehn-Mark-Schein, den wir ebenfalls aus der Illustrierten ausgeschnitten haben. Oma liest und liest und findet den Anschluß nicht. Wir helfen ihr. Dabei halten wir die Zeitschrift auf den Kopf. Und schon plumpst die Überraschung auf den Boden! Noch aufregender ist es z. B., wenn man diese Wunder-Illustrierte für Vater oder Mutter anfertigt und darein den «blauen Brief» plaziert, den man soeben von der Schule mit der Androhung der Nichtversetzung erhalten hat!

Oma findet den Anschluß nicht

Übrigens zeigt unsere Erfahrung:
- Die Gegenstände (Süßigkeiten, Spielzeugautos u. ä.) dürfen auch eine Wölbung hervorrufen. Das fällt nicht auf.

42

Aus der Bierdeckel-Werkstatt

Das Stimmungsbarometer

ein runder Bierdeckel
Buntes aus unserem Zeitungsstapel
eine Handvoll Wollfäden
eine Musterbeutelklammer

*Aus Regen wird
Sonne...*

Der Bierdeckel wird mit Buntem aus dem Illu-
strierten-Fundus in ein Gesicht verwandelt,
welches dadurch besonders lustig wirkt, daß wir
oben einen Haarschopf aus Wollfäden mit Heftklammern befestigen (oder einfach kleben).
Der Clou vom Ganzen ist der Mund. Wir
schneiden aus einem Stück Pappe einen sichel-
förmigen Halbmond aus und bekleben ihn far-
big. Mit Hilfe der Musterbeutelklammer befestigen wir ihn nun unter der Nase. Wenn seine
beiden Sichelenden nach oben zeigen, dann ist
gutes Wetter angesagt. Drehen wir die Sichel

43

um 180 Grad, dann zeigen die Enden nach unten – drei Tage Regenwetter!

Wie der Käfer auf die Blume kommt

ein runder Bierdeckel
das Bild von einer Sonnenblume und das Bild
    von einem Marienkäfer oder ähnlichem aus
    einer Illustrierten
zwei Bindfäden von 30–50 cm Länge

Das Blumenbild wird auf die eine Seite des runden Bierdeckels geklebt, und zwar so, daß in der Mitte der Blütenkelch (es sollte eine glatte Fläche sein) zu sehen ist. Auf die Rückseite des Bierdeckels wird das Käfer-Bild geklebt, ebenfalls genau in die Mitte. Rechts und links machen wir am Rand mit dem Locher im Abstand von ca. einem Zentimeter je zwei Löcher. Durch diese ziehen wir die Fäden, welche wir am Ende miteinander verknoten.

    Zwischen beiden Händen schwingen wir den Bierdeckel so lange in eine Richtung um sich selbst, bis die Bänder aufgezwirbelt sind. Bei kräftigem Auseinanderziehen dreht sich der Bierdeckel, und der Käfer setzt sich – wie schön! – auf die Blume.

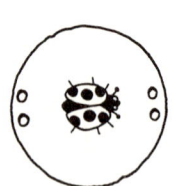

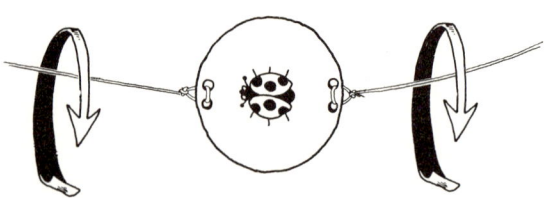

Kreisel: Aus bunt wird weiß

Aus einem weißen Blatt Papier schneiden wir ein Stück in der Größe eines runden Bierdeckels und kleben es dann auf diesen. Diesen «Kuchen» teilen wir nun in sechs Segmente auf, jedes dieser Tortenstücke wird mit einer der folgenden Farben bemalt: rot, orange, gelb, grün, blau, violett. Nun brauchen wir in der Mitte des Bierdeckels nur noch vorsichtig ein Loch für einen Bleistift zu bohren, der da hineingezwängt wird, und schon ist unser Farbkreisel fertig.

Wenn wir ihn ins Rotieren bringen, beginnen die Farben sich zu vermischen. Je strahlender unsere bunten Farben sind, um so heller ist die fast weiße Fläche, die wir sehen: bunt gemischt ergibt weiß.

Die Seerose

Und zum guten Schluß dieses Kapitels die eine Sache aus ungebrauchtem glatten weißen Papier: Aus solchem ungebrauchten glatten weißen Papier schneiden wir einen Stern und malen die Ecken mit Buntstift an. Jetzt falten wir alle Ecken zur Mitte und kniffen sie fest.

Wir legen die Blüte in eine Schüssel mit Wasser und beobachten, wie sie sich langsam öffnet.

45

Kapitel 3

Schuhkartons und Elefonts

Stabile Kisten und Kartons, besonders jene, in denen die Waschmaschine kam, oder die, die vom Umzug übrigblieben, waren bei den Kindern schon immer beliebt – als Häuser und Hütten, Paläste und Burgen: Höhle und Heim.

Allerlei Kisten

Und auch die kleineren sind willkommen: die, aus denen man ganz große Figuren machen kann, die Schuhkartons und Waschmittelkisten, die Tonnen und Deckel, die Faltkisten, aus denen Fahrzeuge entstehen und Lokomotiven, Boote und Roboter, Elefonts, Monster und andere Merkwürdigkeiten ...

Die Taste-Schachtel

Waschmitteltonne mit Deckel
ein langer alter Ärmel (z. B. von einem T-Shirt)
Buntes und Bilder vom Papierstapel
Klebeband und Klebstoff
Werkzeug: Heftklammergerät

Die Waschmitteltonne wird mit Bildern beklebt, die wir aus Illustrierten und Prospekten ausgeschnitten haben. In die Mitte des Deckels wird ein Loch geschnitten, durch das unser Arm paßt. Mit dem Ende, an dem er abgeschnitten wurde, wird der Ärmel an der Innenseite des Deckels um das Loch herum befestigt. Dazu benutzen wir das Heftklammergerät. Wo die Heftklammern ihre Spitzen zeigen, entschärfen wir die Angelegenheit, indem wir sie überkleben. Der Ärmel wird durch das Loch gestülpt. Wir füllen die Tonne mit kleinen Gegenständen, die ertastet werden sollen, und verschließen sie mit dem Deckel, den Ärmel nach außen.

Nun kann es losgehen: Wir streifen das Ärmelende über die Hand und greifen in die Tonne. Selbstverständlich können die Kinder nur Gegenstände erraten, die sie schon ken-

So hart und so kantig – was das nur sein mag?

47

nen. Aber wir können aus der Taste-Schachtel auch eine Überraschungs-Kiste machen, indem wir etwas hineintun, was z. B. als Geschenk gedacht ist. Das Kind versucht zu erraten, was es da erwartet. Je schwieriger das ist, um so größer hinterher die Überraschung.

Haus, Tunnel und Turm

Beliebt sind bei Kindern Häuser zum Verstecken und Spielen, die wir aus großen Umzugskisten, Waschmaschinenkartons und dergleichen bauen.

Wichtig ist ein bißchen Mut zum Großen. Und natürlich braucht es irgendwo den Platz.

Uns standen folgende Zutaten zur Verfügung:

eine lange Kiste (120 × 50 × 50 cm – von einem Trimmgerät)

Kiste I (85 × 65 × 50 cm – von einem Fernseher)
Kiste II (65 × 45 × 50 cm)
3 flache Pappverpackungen (80 × 75 × 8 cm –
   von Glasrahmen)
2 Pappen (75 × 75 cm)
1 Waschpulvertrommel (10 kg)
weitere Pappreste
Paketklebeband
doppelseitig klebendes Klebeband
Farbe
Als Werkzeug genügt ein scharfes Linoleummesser.

Das Haupthaus

Für das Haupthaus haben wir die drei flachen
Pappverpackungen als Seitenwände (zwei) und
als Zwischendach verwendet: Von einer flachen
Pappverpackung haben wir eine Wand in der
Mitte aufgetrennt, auseinandergeklappt und in
die beiden anderen oben geöffneten Pappverpackungen gesteckt (s. Skizze 1).
   Bis jetzt besitzt die Konstruktion noch keiner-
lei Stabilität. Die erreichen wir, wenn wir die

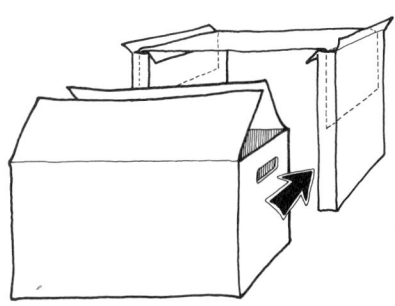

Fernsehkiste quer zwischen die Seitenwände schieben. (Das hat bei uns gut gepaßt, weil die Maße gut übereinstimmten.) Und schon wackeln die Wände nicht mehr.

Wir schneiden nun mit dem Linoleummesser die vordere Wand der Fernsehkiste an beiden Kanten bis zum Boden ein, so daß wir sie nach vorne klappen können. Sie ragt aus dem Haus heraus und liegt zunächst auf dem Boden. Die hintere Wand der Fernsehkiste bildet mit hochgeklapptem halben Deckel die hintere Wand des Hauses und wird mit Klebeband mit den Seitenwänden verbunden. Nun können wir mit doppelseitig klebendem Klebeband die Pappen der Kiste und der Bilderkartons verbinden.

Ein richtig gemütliches Haus wird das

Der Tunnel

Nun beginnen wir mit den Vorbereitungen für den Anbau des Tunnels. Zunächst schneiden wir durch beide Pappen der rechten Seitenwand ein unvollständiges Quadrat von 50×50 cm (entsprechend unserer langen Kiste) möglichst knapp bemessen aus, so daß wir die Kiste später darin festklemmen können.

Die Seite des Quadrats am Boden wird nicht eingeschnitten. Vielmehr klappen wir die 50×50 cm-Fläche einfach nach außen um (s. Skizze 2). Genauso verfahren wir an passender Stelle mit der Wand der Fernsehkiste (s. Skizze 2). Die Papplappen dienen uns bei der Verbindung mit dem Tunnel als Verankerung.

Der lange Tunnel wird oben und unten geöffnet (nicht eingeschnitten) und dann hingelegt.

Nun schieben wir die lange Kiste in die Öff-

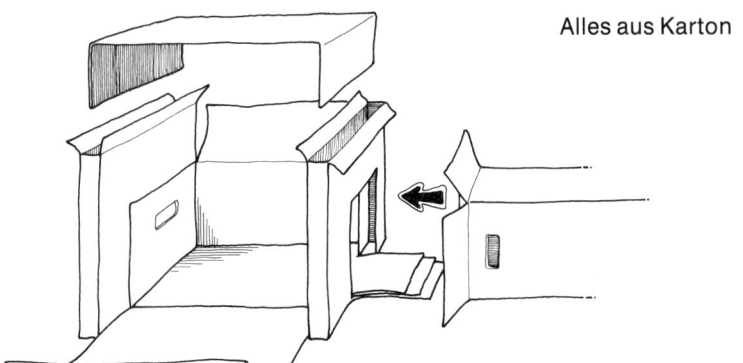

nung der rechten Seitenwand des Haupthauses,
bis sie festsitzt. Die Lappen liegen ineinander
verschachtelt und können umgeklappt werden,
wenn sie im Weg sind.

Die Vorderwand des Haupthauses: Von der
Fernsehkiste haben wir, auf dem Boden liegend,
die aufgeschnittene Wand. Wir schneiden sie in
der Mitte bis zur Grundlinie zwischen den beiden Wänden ein. Die eine Hälfte klappen wir
wieder hoch. Wir erhalten so eine halbe Wand.
Sie wird an der Ecke mit Klebeband befestigt.
Den anderen Teil lassen wir einfach liegen: das
Podest zum Eingang.

Für die *Tür* nehmen wir eine Pappe von entsprechender Größe (bei uns: 75 × 50 cm), kleben sie an der Hausecke fest, daß noch genügend übersteht, um die Lücke an der Vorder-
seite zu überdecken. Die Pappe wird an der
Ecke des Hauses geknickt, und nun kann sich
die Tür öffnen und schließen.

Für das *Dach* kleben wir die zwei Pappen im
Format 75 × 75 cm mit Klebeband von beiden
Seiten zusammen und knicken sie dann an der

51

Klebestelle. Es wird in unserer Konstruktion auf die zwei Öffnungen der Seitenwandverpackungen aufgesetzt.

Der Turm

Als nächstes setzen wir vor den noch freien Ausgang des Tunnels die Kiste II. Diese kann als «Notausgang» dienen. In das Dach schneiden wir ein Loch mit dem Durchmesser unserer Waschpulvertrommel, die wir hineinklemmen. Unser Turm ist nun fertig.

Die Kiste II haben wir übrigens nicht fest mit dem Gang verbunden, da sonst der Transport oder das Verschieben zu schwierig wird.

Jetzt wird alles angemalt. Das Dach und der Turm sind rot, die Wände weiß. Mit Schwarz sind die Fenster und Steine vom «Mauerwerk» angedeutet. Schön wirkt das Fachwerk aus Klebeband.

An Verzierungen haben wir eine Uhr aus dem Deckel der Waschmitteltrommel genommen, deren Zeiger haben wir mit Hilfe einer Musterbeutelklammer beweglich gemacht. Der Tunnel und der Turm haben Zinnen aus Pappe bekommen. Das Fenster im Tunnel ist auf- und zuklappbar, ein Briefschlitz gleich nebenan. Gemütlichkeit verspricht der Blumenkasten aus Pappe.

Jedes Haus, jede Burg wird anders aussehen; jeder wird seine Lösung finden, je nachdem, was er für Verpackungsmaterial gefunden hat. Wichtig ist, daß das Haus etwas aushält und nicht gleich einstürzt.

52

Der Roboter für den Kindergeburtstag   Alles aus Karton

2 Pappkisten verschiedener Größe
1 Tapetenrolle bzw. Makulaturpapier (10 m)
1 Rolle Kreppapier
viele Trinkbecher aus Pappe
Spezialkleister
2 Netzfänger (Beschreibung s. S. 25)
3 Bälle
1 Wurfringspiel (Beschreibung s. S. 26)
1 Kindertelefon mit Klingel, Wählscheibe und
   Uhr
Teil eines Wasserhahns
1 Schlauchstück (3 cm Durchmesser, 1 m lang)
2 Glühbirnen

Wir rühren eine geringe Menge Spezialkleister
an. Während der Kleister quillt, entfernen wir
die oberen Deckel unserer beiden Kisten. Nun
wird der Kleister auf die Kisten aufgetragen.
Das geht schnell und einfach mit einem Kü-
chenschwamm. Wir benutzen nur wenig Kleister, damit die Pappe nicht aufweicht.

Für 'n Roboter kannste fast alles gebrauchen

Die Kisten werden außen vollständig mit Ta-
peten- bzw. Makulaturpapier beklebt. Die
große Kiste dient als Körper. Ihre Öffnung
zeigt nacht unten. Die kleinere Kiste bildet den
Kopf. Sie ist ebenfalls nach unten geöffnet.
Auf den Kopf kleben wir ein Wurfringspiel als
Antenne. In zwei kreuzförmig eingeschnittene
Schlitze stecken wir die Glühbirnen als Augen.
Aus dem Nasenschlitz schaut der Wasserhahn
heraus. Durch den länglichen Mundschlitz füh-
ren wir von innen nach außen den Anfang einer
Kreppapierrolle. Die Körperkiste erhält im

oberen Teil zwei Netzfänger als Arme. Ein Kindertelefon mit Klingel, Wählscheibe und Uhr klemmt im Bauch. Dazu schlitzen wir entlang der Oberkante und der Seiten des Apparats in die Pappe. Aus der linken Kistenseite lassen wir durch ein entsprechendes Loch einen Schlauch herausschauen. In der rechten Kistenseite finden in einem Loch Trinkbecher aus Pappe Platz. Die Öffnung der Becher schaut nach außen.

Darüber hinaus sind der Phantasie keine Grenzen gesetzt. Mancherlei dient als Schmuck.

Roboter sind in der Regel jung und sehr verschieden

Kugeln und Birnen vom Weihnachtsbaum (vorsichtshalber mit Frischhaltefolie umwickeln), leere Kassettenhüllen, Taschenlampe, Kofferradio, Draht, Spiegel ...

Alles aus Karton

Die Lok

eine kleine und eine große Waschmitteltonne
ein Pappkarton etwa in der Größe eines Sprudelwasserkastens
Buntes vom Papierstapel oder verschiedene Farben (wenn angemalt werden soll, gehört auf jeden Fall Weiß als Grundierung dazu!)
fester Karton (für die Räder)
Klebstoff und Klebeband (z. B. zum Abkleben beim Tapezieren)

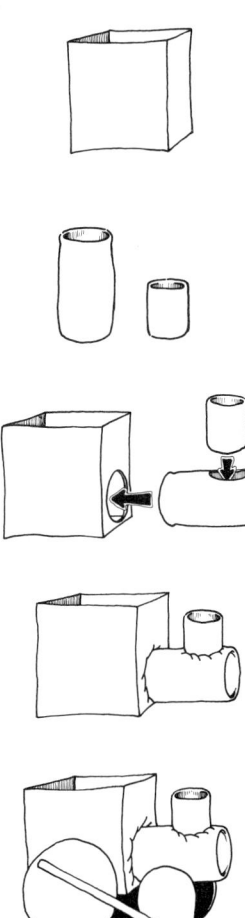

In eine Seitenwand des Kartons schneiden wir ein Loch, in welches die große Waschmitteltonne knapp hineinpaßt. Wir zwingen die Waschmitteltonne mit der offenen Seite in diese Öffnung hinein. Zwei bis drei Zentimeter tief; das genügt. Wenn wir beim Ausschneiden geschickt waren, sitzt der Heizkessel jetzt fest am Führerhaus. Falls nicht, helfen wir mit Klebeband aus dem Inneren des Führerhauses nach.

Oben auf dem Heizkessel schneiden wir nun ein kreisrundes Loch in der Größe der kleineren Tonne aus, welche hier als Schornstein angebracht wird. Auch diesmal bemühen wir uns, die Öffnung knapp zu halten, damit die kleine Tonne festklemmt. Wenn das nicht der Fall ist, muß wieder Klebeband herhalten, das wir diesmal von außen verwenden.

Für die Räder benutzen wir die Deckel der

... tschuch-
tschuch-
tschuch

beiden Waschmitteltonnen. Schön ist es, wenn
wir zwei weitere gleich große Deckel haben auf-
treiben können. Die beiden kleinen kommen
dann an den Heizkessel, die größeren unters
Führerhaus. Man kann aber auch ein Stück
Pappe nehmen, welches wir aus der Kiste (Führerhaus) ausgeschnitten haben. Damit hätten
wir drei Räder. Und das vierte fertigen wir dann
in passender Größe aus dickem Karton. Am
einfachsten ist es, die Räder anzukleben.
Schließlich werden die Mittelpunkte der beiden
Räder auf jeder Seite mit einem ca. 5 cm breiten
Pappstreifen verbunden. Jetzt sieht die Lok
richtig professionell aus.

Und nun beginnt die lustvolle Arbeit des Beklebens und Anmalens. Wenn wir uns für die Verschönerung der Lokomotive durch Farbe entschieden haben, ist es wichtig, sie zunächst einmal weiß zu grundieren, damit die diversen Reklamebildchen verschwinden. Dies ist nämlich nicht der Fall, wenn wir gleich mit bunter Farbe anfangen. Da nützt auch der dritte und vierte Anstrich nichts: Die Bilder bleiben erahnbar. Sind genügend Platz und Material vorhanden, so steht natürlich dem Bau von Anhängern nichts im Wege.

Anhänger

Am einfachsten ist der Tender, ohne den eine Lokomotive nicht auf Reisen geht. Eine Pappkiste, bemalt wie unsere Lok, bekommt mit Hilfe einer Schnur eine Anhängerkupplung. Die Räder fertigen wir wie bei der Lok beschrieben. Anstelle von Kohlen nehmen die Stofftiere im Tender unserer Lok Platz, auch für die vielen Kinderbücher ist der Tender dankbar. Hat man eine stabile Kiste mit Deckel, lassen sich mit dem scharfen Messer auch Fenster hineinschneiden, und ein Kind kann als Fahrgast im Personenzug mitfahren.

Geduldspiel No. 1

Deckel einer Waschpulvertrommel
3 Bälle

Wir schneiden in unseren Deckel drei runde Löcher. Der Durchmesser der Löcher ist geringer als der der Bälle. So können die Bälle nicht hindurchfallen. Die Löcher bilden die Eckpunkte eines gleichseitigen Dreiecks.

In die Mitte des (gedachten) Dreiecks schneiden wir ein viertes Loch. Es hat einen größeren Durchmesser als der Ball.

Wir legen die drei Bälle in den Deckelrand und bemühen uns, sie in die entsprechenden Löcher zu rollen. Kreuzen unsere Bälle dabei das große Mittelloch, scheiden sie aus.

Die Kugelbahn

7 quadratische Eierpappen (für je 36 Eier)
Papprollen von Toilettenpapier,
    Küchenkrepp und Frischhalte-Folie
eine Plakatrolle
Büroheftklammern
Klebstoff
Holzstöcke (Durchmesser 5 mm, Länge 20 cm)
Pinnwandnägel
eventuell zur Rettung gefährdeter Konstruktionen doppelseitig klebendes Klebeband

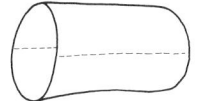

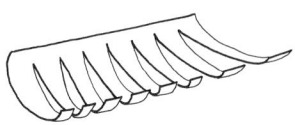

Die Elemente der Bahn

Die Gerade

Wenn wir Klopapierrollen längs halbieren, erhalten wir zwei Bahnteile. Die beiden Bahnteile legen wir an den Enden übereinander und klammern sie mit dem Heftklammer-Automaten fest zusammen. Das höherliegende Teil wird stets auf das untenliegende Teil geschoben. So geht kein Schwung verloren, wenn die Kugel rollt.

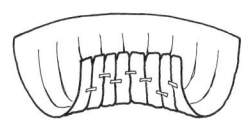

Die Kurve

Wir halbieren Klopapierrollen längs. Nun schneiden wir diese halben Rollen quer ein. Wir schneiden fast bis zum gegenüberliegenden Rand. Durch einen zweiten Schnitt, der schräg verläuft, schneiden wir spitze Ecken heraus. Eine Kurve entsteht, wenn wir die so entstandenen Streifen übereinanderschieben und festklammern.

    Für scharfe Kurven schneiden wir breitere

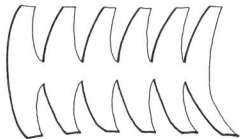

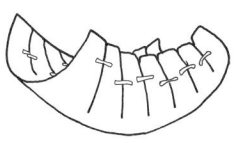

Eckstücke heraus, für langgezogene Kurven schmale Eckstücke.

Den Kurvenverlauf können wir auf mehrere gerundete Halbrollen verteilen.

Damit die Kugel nicht herausspringt, kann es nötig werden, die Kurve zu überhöhen. Wir bringen an der Außenwand der Bahn eine weitere eingekerbte Halbrolle an, die sich genau an die Kurvenhalbrolle anpaßt.

Auf- und Abschwünge, Loopings

Die Kurve führt die Kugel nach rechts und nach links.

Auf- und Abschwünge führen die Kugel hinauf und hinunter.

Wir gucken auf der Kirmes ab, was wir alles machen können

Wir schneiden aus der Halbrolle von beiden Seiten Eckstücke heraus. Wir schneiden nur so tief, daß in der Mitte der Halbrolle ein Steg verbleibt. Er hält die Halbrolle zusammen.

Die Halbrolle hat an Stabilität eingebüßt. Wir können ihre Form verändern. Wölben wir die Halbrolle nach innen, entsteht ein Aufschwung. Wölben wir sie nach außen, entsteht ein Abschwung.

Zum Looping, in dem die Kugel einen Überschlag macht, brauchen wir mindestens sechs Aufschwungelemente. Unsere Bahn darf nicht geknickt werden, sonst verliert die Kugel an Schwung.

Beim Looping-Bau klammern und kleben wir. Wir wollen eine große Festigkeit erzielen und äußerst genau arbeiten.

Eine Berg- und Talbahn erhalten wir, wenn wir im Wechsel Auf- und Abschwünge miteinander kombinieren.

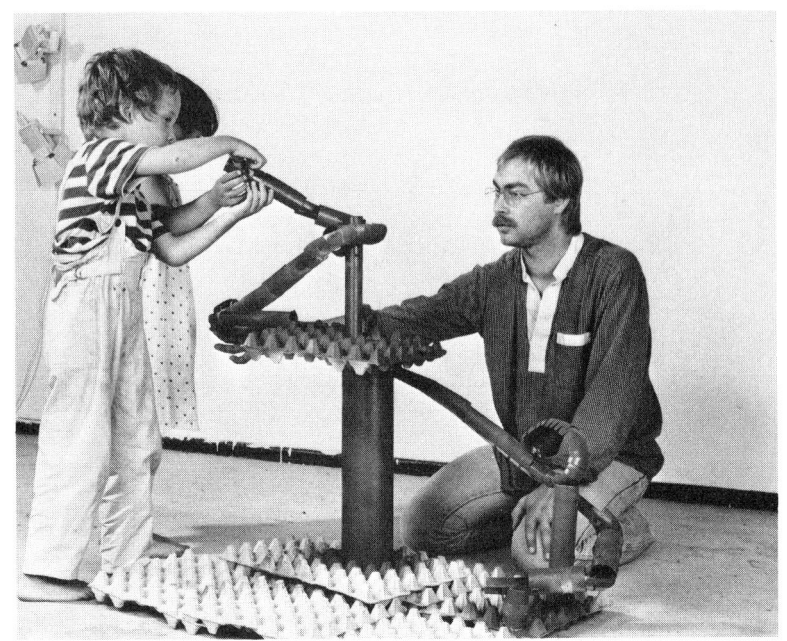

Die Achterbahn vom Rummel lehrt uns, was sich in unsere Kugelbahn alles einbauen läßt: Tunnel, Kreuzungen, Spiralen ...

Bei der Sprungschanze gilt es, die Flugbahn der Kugel über die «Klippe» herauszufinden.

Toll, wenn die Kugel es zum ersten Male schafft!

Untergrund

Für den Untergrund benötigen wir sieben quadratische Eierpappen. Jeweils drei Pappen werden übereinander geklebt. Die mittlere Pappe wird mit den beiden Dreifach-Pappstücken verbunden. Je eine Hütchenspalte wird dabei ineinandergesetzt.

Für die Stützen schneiden wir mit dem Messer Löcher in die Eierpappe, die etwas kleiner sind als der Durchmesser der Röhren, damit sie darin festklemmen. Die schwere Hauptstütze, die auch am höchsten ist, muß durch alle drei Pappen geführt werden, damit sie sicher steht.

Für vier bis fünf aneinandergeklebte Halbrollen ist eine Stütze erforderlich.

Uns sind die langen Rollen ausgegangen. Wir haben uns damit geholfen, daß wir eine «Plattform» aus zwei weiteren Eierpappen auf die Hauptstütze schoben. Unterhalb dieser Plattform schoben wir zwei Holzstücke als Querträger durch die starke Pappe der Hauptstütze.

Stützen

Haben wir den Verlauf der Bahn im groben festgelegt, bringen wir die Stützen an.

Als Hauptstütze dient eine Plakatversandrolle, die mit einer zweiten Papprolle verlängert wurde. Die zweite Papprolle ist viel kleiner und schmaler. Sie stammt aus einer Frischhaltefolien-Packung. Wir kleben sie an die Innenwand der großen Rolle.

Bahnbau

Für den Bahnbau fertigen wir ganze Bauabschnitte an. Diese «Fertigteile» fügen wir zusammen. Der erste Bauabschnitt wird an der Hauptstütze befestigt. Wir müssen das Gleichgewicht der Anlage im Auge behalten. Überhänge auf einer Seite bedürfen des Ausgleichs auf der anderen Seite. Für Tüftler gibt's jetzt viele Probleme zu lösen. An einigen Stellen hat die Kugel viel zu viel, an anderen Stellen zu wenig Schwung.

Wenn wir unsere Bahn gemeinsam mit Kindern bauen wollen, dürfen wir nicht vergessen, daß jüngere Kinder keine große Geduld haben. Jüngere Kinder wollen nicht immer wieder probieren, bis der Looping endlich funktionsfähig ist. Also dann lieber einfacher und ohne Looping.

Kapitel 4

Von Blechgetümen und Dosengesocks

Im Prinzip geht es hier um scharfe Sachen! Denn die häufigste Form, in welcher uns Blech im Haushalt begegnet, ist – wie schon zu Beginn dieses Buches erwähnt – die Dose. Und um an ihren Inhalt zu gelangen, schneiden wir – ritze-ratze – rigoros den Deckel auf, mit der Folge, daß messerscharfe Schnittkanten entstehen, an denen sich schon so mancher seine Bastelfreude im Blut ertränkt hat. Darum hier noch einmal die Warnung und Mahnung, die scharfen Kanten am besten mit Hilfe einer Kombizange platt-zudrücken und so zu entschärfen. Zusätzlich kann man die Ränder auch noch mit Klebeband sichern. Das gibt manchmal auch sehr hübsche optische Effekte.

Die Weißblech-Klapperschlange

beliebig viele Konservendosen (850 ml) mit an-
    hängendem Deckel
beliebig viele Büroklammern
1 m Blumendraht
ca. 3 m Paketbindfaden
Buntes und Bilder vom Zeitungsstapel
Erbsen oder Steinchen oder anderes Zeug zum
    Krachmachen
Klebeband

In die Mitte des Dosenbodens und in die Mitte
des Deckels werden mit Hilfe eines Milchdosenpieksers Löcher von ca. 2 mm Durchmesser gemacht. Die Ränder des Lochs im Deckel werden von der Gegenseite durch einen leichten
Schlag mit dem Hammer «entschärft». Am
Deckel müssen wir noch ein zweites Loch anbringen, und zwar am Rand, genau gegenüber
jener Stelle, wo der Deckel noch mit der Dose
verbunden ist. Ein zweites Loch wird am oberen
Rand der Dose so angebracht, daß wir später
den Deckel mit Hilfe einer Büroklammer am
Dosenrand festmachen können. Diese beiden
Löcher werden ebenfalls mit leichten Hammerschlägen «entschärft».

Bevor wir mit dem Basteln weitermachen,

65

wenden wir uns der Schönheit zu: Die Dose wird mit Hilfe von prächtigen Stücken aus unserer Illustrierten-Bildersammlung beklebt.

Nun geht es an die Achse. Diese wird aus einem Stück Blumendraht hergestellt, das durch die beiden mittleren Löcher des Deckels und des Bodens der Dose gezogen wird und auf beiden Seiten ungefähr 3–4 cm herausragt. Diese herausragenden Enden formen wir zu Ösen.

Falls der Dosendeckel nach innen in der Dose verschwunden ist, holt man ihn am besten mit Hilfe einer Gabel wieder heraus.

Und nun haben wir zwei Möglichkeiten: Um ein wirklich rasselndes Klapperschlangen-Ungeheuer zu bekommen, füllen wir die Dose mit einer Handvoll rasselnder Steine oder Glasperlen oder Erbsen oder ähnlichem Zeug. Wer es dagegen lieber ruhig haben möchte, und sei es auch nur der Nachbarn wegen, der verzichtet darauf. In jedem Fall ist der nächste Arbeitsschritt: Der Dosendeckel wird mit Hilfe der Büroklammer am Dosenrand festgemacht. Dabei ist es ratsam, die Büroklammer wie ein Stück Draht zu benutzen und sie durch beide Löcher durchzuziehen. Außen wird dieser «Draht» mit Hilfe einer Flachzange zugedreht, der überstehende Rest abgeknipst. Um dieses spitze Stück zu sichern, überkleben wir es mit Klebeband.

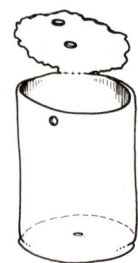

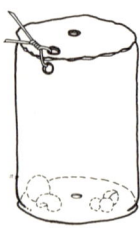

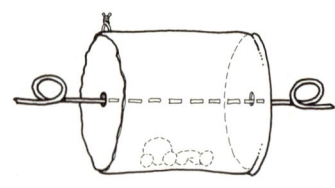

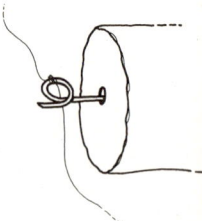

Und dann geht es an die nächste Dose.

Wer alle seine Dosen in dieser Weise fertiggemacht hat, braucht nur noch die Verbindung zwischen ihnen herzustellen. An den Ösen der Achsen wird der Bindfaden festgebunden. Wir sorgen dafür, daß zwischen den Dosen jeweils ein Abstand von ungefähr 2 cm bleibt.

So – gleichgültig, ob die Klapperschlange nun fürchterlich laut mit ihren Geräuschemachern im Bauch klappert oder nur Blech an Blech scheppern läßt: sie hinter sich herzuziehen und damit die Aufmerksamkeit der halben Straße auf sich zu lenken, macht Kindern einfach Spaß.

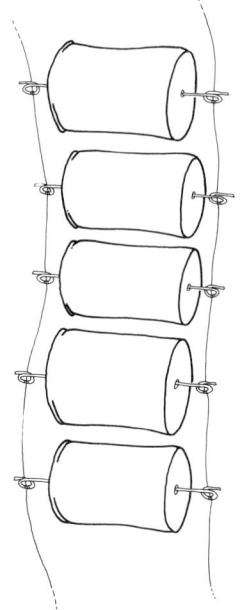

Die Roboter-Familie

Unsere Roboter-Familie hat viele Angehörige. Da ist als erstes Dieter, dann gibt es da Dieters Schwester Dietlinde, drittens Doktor Watterius und ganz zum Schluß den langweiligen Robert.

Dieter

eine lange Dose (zum Beispiel von Bockwurst) ohne Deckel
fünf Korken
ein Schaschlikspieß
zwei ca. 10 cm lange Schnüre
ein Stückchen Metallgitter (zum Beispiel vom Zaun) oder eine ähnliche Kostbarkeit

Wir fangen mit der Dose an, welche wir mit der offenen Seite nach unten vor uns hinstellen. Mit

Hilfe des Milchdosenpieksers machen wir nahe dem unteren Rand zwei gegenüberliegende Löcher in die Dosenwand. Da hindurch stecken wir den Schaschlikspieß. Die Enden des Schaschlikspießes werden mit Korken «gesichert». Achtung! Die Korken müssen vorgebohrt werden, sonst zerbricht der Spieß, wenn wir ihn mit seiner Spitze in den Korkenbauch zu zwingen versuchen. So, jetzt hat unser Dieter zwei Kullerfüße, die ihn durch die Welt tragen sollen.

Nun geht es an die Arme. Dafür machen wir – diesmal in der Mitte der Dose – wieder zwei gegenüberliegende Löcher mit Hilfe des Milchdosenpieksers, und zwar über den Beinen. Nun nehmen wir unsere beiden Schnüre zur Hand. Bei beiden machen wir an einem Ende einen

Links:
Dr. Watterius,
rechts: Dieter

Knoten, dann ziehen wir sie mit dem nicht verknoteten Ende vom Doseninnern durch die Armlöcher nach außen und binden an die Enden jeweils einen Korken.

Unseren letzten Korken zerschneiden wir zu Scheiben und kleben diese als Nase und Augen – unser kleines Metallgitter soll den Mund ergeben – auf die Dose. Fertig ist das Robotergesicht von unserem Dieter.

Dieters Schwester Dietlinde

eine Suppendose (Deckel entfernt)
zwei Korken
ein kleines Marmeladenglas

Links: der langweilige Robert, rechts: Dietlinde

ein kleiner Deckel eines anderen Glases
ein Schraubverschluß von einer Flasche
ein Stück von einer Perlenkette, die kaputtge-
    gangen ist, oder etwas Ähnliches

Der Körper von Dietlinde entsteht aus unserer
Suppendose, deren Öffnung nach unten zeigt.
In der oberen Hälfte kleben wir links und rechts
zwei Korken an. Zwei Korkscheiben – wir können dafür auch Knöpfe nehmen – verzieren das
Dosenkleid. Wir bringen sie so an, wie es uns
gefällt.

Was wäre Dietlinde ohne ihren Hut!

Auf die Dose kleben wir mit einem Kontaktkleber den Deckel unseres Marmeladenglases,
so daß das Gewinde nach oben zeigt. Trocknen
lassen. Und nun schrauben wir das Glas drauf.
Wir schneiden aus dem Korken noch zwei weitere Scheiben und kleben sie als Augen auf das
Glas. Den Rest von unserer Perlenkette legen
wir – ja genau dahin, wo sie hingehört – um den
Hals, also um den Deckel des Glases, und kleben ihn mit Kontaktkleber fest. Unseren weiteren Glasdeckel und den Schraubverschluß basteln wir nun zu einem Hut zusammen, welchen
wir der Dietlinde auf ihren Glaskopf setzen –
pardon! – kleben. Sieht sie nicht fein aus?

Doktor Watterius

eine Suppendose
eine flache Streichwurstdose
fünf Korken
ein Stück Gitter oder ähnliches (z. B. von einem
    kaputten Plastikauto oder so)

eine Achse mit Rädern (von einem kaputten Spielzeugauto)
etwas Watte

Wir stellen die Dose mit der Öffnung nach unten vor uns auf und kleben in die Mitte des Bodens einen Korken. Der soll der Hals sein. Unsere zweite Streichwurstdose kleben wir – mit der Öffnung nach oben – auf dem Korken fest.

Zwei weitere Korken links und rechts werden an den Körper von Doktor Watterius als Arme angeklebt. Einen weiteren Korken zerschneiden wir so, daß fünf Scheiben entstehen. Drei dieser Scheiben (es dürfen aber auch Knöpfe sein) nehmen wir, um sein Dosenkleid zu verzieren. Die beiden restlichen Korkenscheiben werden als Augen auf die Kopf-Dose geklebt, den letzten Korken halbieren wir der Länge nach und machen aus der einen Hälfte die Nase.

Im Kopf hat unser Hohlkopf nichts als Watte. Die Achse mit Rädern von unserem kaputten Spielzeugauto kleben wir dem Doktor Watterius an den rechten oder linken Arm-Korken, und der andere wird mit dem kleinen Gitter oder einer ähnlichen Sache verziert.

Watte im Kopf, aber Doktor!

So, jetzt ist er fertig, und kein Mensch wird ihn tadeln!

Der langweilige Robert

eine Würstchendose
vier Korken
ein Deckel
ein paar Knöpfe
etwas Watte

71

Wir stellen die Dose mit der Öffnung nach unten vor uns auf. Auf den Boden kleben wir einen Korken und darauf den Deckel. Und auf das Ganze noch einen Korken oben drauf!

Na, nun brauchen wir noch unseren Filzschreiber oder unsere Wasserfarben: zwei Striche werden die Augen vom langweiligen Robert. Von einem Korken splittern wir ein Stückchen ab, das die Nase ergeben wird. Jetzt haben wir noch zwei Korken übrig. Die werden links und rechts an den Dosenkörper geklebt. Und weil wir ja nette Menschen sind, bekommt der Langweiler aus den Knöpfen ein nettes Muster auf den Dosenbauch geklebt. Nun aber man los mit der Roboterei, Roboter!

Das Schepper-Männchen

zwei kleinere Konservendosen
   unterschiedlicher Größe
zwei Korken
ein Schaschlikspieß
eine Glaskugel (z. B. Murmel)
Buntes vom Illustriertenstapel oder
   Farbe oder Buntpapier
etwas Watte

*Und im Bauch
scheppert die
Schepperkugel*

Bei beiden Dosen entfernen wir die Deckel
vollständig und biegen eventuell übriggeblie-
bene scharfe Stellen mit der Flachzange weg,
um sie zu sichern. Die größere Dose erhält ungefähr in der Mitte der oberen Hälfte zwei gegenüberliegende Löcher, welche wir mit Hilfe
des Milchdosenpieksers herstellen. Die kleinere Dose lochen wir – ebenfalls an zwei gegenüberliegenden Stellen – in der Mitte der
Seitenwand.

Nächster Arbeitsschritt: Die beiden Dosen
werden bunt beklebt. Z. B. können wir die
große Dose als Bauch und die kleine Dose als
Gesicht darstellen, wie wir das gemacht haben
(s. Foto).

Die Glaskugel kommt in die untere Dose.   73

Die kleinere Dose versenken wir nun so weit in die größere, daß wir den Schaschlikspieß durch alle vier Löcher schieben können. Die beiden Enden des Schaschlikspießes sollen mit den Korken versehen werden, in die wir allerdings vorher mit Hilfe des Dosenpieksers ein entsprechend tiefes Loch machen. (Sonst gehen die Korken kaputt!)

An den Korken festhalten und wirbeln, die Kugel im Bauch klappert und scheppert ganz gewaltig laut!

Das Dosen-Action-Spiel

eine möglichst kleine Dose
vier Bierdeckel
6 m oder mehr Paketkordel

Bei der Dose entfernen wir Boden und Deckel und sichern die Ränder für den Fall, daß scharfe Stellen übriggeblieben sind, mit Hilfe einer Flachzange. Im Falle dieses Dosen-Action-Spiels finden wir es sehr schön, wenn das blanke Metall blank bleibt.

Die Schnur wird halbiert, und beide Schnüre werden durch die Dosen-Röhre gezogen. An allen vier Enden werden nun nach dem Prinzip Knoten – Bierdeckel – Knoten Handschützer gemacht, hinter denen genug Bindfaden bleiben muß, damit wir die Enden zu Schlaufen knüpfen können, in die unsere Hände passen.

Was nun folgt, ist ein echtes Partnerschafts-

spiel. Es funktioniert nur, wenn sich beide, die
sich gegenüberstehen und die Enden der Bänder in den Händen halten, aufeinander einstellen. Die Dose wird von demjenigen, der anfängt, durch Auseinanderbreiten der Arme und
leichten Schwung dem Gegenüber zugespielt.
Dieser kann sie allerdings nur zurückschleu-
dern, wenn der erste seine Arme wieder zusam-
mennimmt und so den Weg zur Rückkehr frei-
gibt.

   Den größten Spaß macht es, wenn die Dose in
schnellem Wechsel hin und her fliegt. Action!
Dose! Action!

*Kleines Döschen,
großer Spaß!*

Die Dosenmarionette

eine große Dose (850 ml)
eine kleinere Dose (580 ml)
26 Kronkorken
Wolle
eine dünne Schnur ca. 4 m lang
ein runder Holzstab (Länge 20 cm,
    Durchmesser 1,5 cm)
zwei runde Holzstäbe (Länge 16 cm,
    Durchmesser 0,7 cm)

Die große Dose soll der Körper unserer Marionette werden. Falls noch vorhanden, entfernen wir den Deckel.

Ein Dosenwerk für Fortgeschrittene

Als nächstes erhält die Dose mit Hilfe unseres Milchdosenpieksers vier «Bauchlöcher», zwei davon bringen wir in 2 cm Abstand vom oberen Rand an, und zwar 7 cm voneinander entfernt. Die anderen beiden bringen wir in 2 cm Abstand vom unteren Rand an, und zwar genau unter den oberen beiden Löchern. So ergibt sich ein Quadrat: Die oberen Löcher haben nämlich (wenn wir die richtige Dosengröße gewählt haben) von den unteren Löchern einen Abstand von 7 cm.

Nun nehmen wir uns 4 Kronkorken vor. Wieder muß der Milchdosenpieker her, um jeden von ihnen in der Mitte mit einem Loch zu versehen. Dadurch ziehen wir jeweils eine Schnur von ca. 10 cm Länge und verknoten sie. Die freien Enden der Schnüre ziehen wir von innen durch die 4 Bauchlöcher. Die Kronkorken verhindern, daß die Schnüre hinausrutschen.

Jetzt baumeln also 4 Schnüre aus der Dose heraus. Wir nehmen uns 20 weitere Kronkor-

ken, löchern sie genauso wie die 4 ersten und ziehen nun je 5 von ihnen auf die 4 herausbaumelnden Schnüre auf. Nach dem Auffädeln erhält jede Schnur einen Doppelknoten, der muß wirklich gut halten!

Nun wenden wir uns dem Rücken unserer Marionette zu. Hier pieksen wir 2 cm vom unteren Rand der Dose wieder ein Loch, ein weiteres exakt darüber, so nah wie möglich am oberen Dosenrand. Nun müssen wir noch einmal das 7-cm-Maß nehmen, nämlich: links und rechts von dem oberen Rückenloch in jeweils 7 cm Abstand müssen noch zwei weitere Löcher ganz nah am oberen Dosenrand ins Blech gepiekst werden.

Der Mühe Lohn ist...

Und nun nehmen wir drei Schnüre von 40 cm Länge und befestigen an deren Enden wieder Kronkorken. Diese drei Schnüre ziehen wir durch das untere sowie durch die beiden oberen Rückenlöcher links und rechts vom mittleren.

Bevor wir hier weitermachen können, müssen wir uns mit der kleineren Dose beschäftigen, deren Deckel entfernt wird, falls er noch vorhanden ist. Dann stechen wir in die Mitte der Dosenwand ein Loch. Ein 20 cm langer Faden mit Kronkorken wird nach bewährtem Rezept aus dem Inneren nach außen gezogen.

Unter dieses Loch machen wir nahe beim Dosenboden noch ein zweites, durch das wir eine 40 cm lange Schnur mit Kronkorken nach draußen ziehen.

Nun schieben wir die «Kopfdose» mit der Öffnung voran in die «Körperdose» hinein (siehe Skizze). Den 20 cm langen Faden der «Kopfdose» ziehen wir durch das mittlere «Rückenloch» der «Bauchdose» und verknoten

Es macht Riesenspaß …

… aus vielen kleinen Dingen, die der Haushalt übrig hat, aus Garnrollen, Verpackungen, Döschen oder Nußschalen etwas zu basteln. Und das alles kostet nicht einmal etwas.

Beim Geldanlegen ist das ein wenig anders. Irgendwann muß man anfangen zu sparen. Erfreulich aber, es bleibt etwas übrig: die Zinsen.

Pfandbrief und Kommunalobligation

Meistgekaufte deutsche Wertpapiere - hoher Zinsertrag - schon ab 100 DM bei allen Banken und Sparkassen

Verbriefte  Sicherheit

es. Nun sind «Kopf- und Körperdose» gut miteinander verbunden. Aus unserer Marionette schauen nun insgesamt 4 lose Schnüre heraus, drei aus dem Bauch und eine aus dem Kopf, jede 40 cm lang. Nun befestigen wir an jedem der Beine, die wir vorhin gemacht haben, unterhalb des letzten Kronkorkens noch eine etwa 40 cm lange Schnur.

Dosen, Blech und Dosen

8 Schnüre warten nun darauf, mit den Holzstäben, an denen die Marionette hängen wird, verbunden zu werden. Dazu wenden wir uns den Holzstäben zu. Der große runde Holzstab erhält an beiden Enden je ein Loch, auf der einen Seite (Ende A) 2 cm, auf der anderen Seite (B) 1 cm vom Ende entfernt. Diese sollen so groß sein, daß wir die beiden kleinen Holzstäbe dadurchschieben können.

An der Seite A bohren wir in 5 mm Abstand vom Ende noch ein Loch von 0,3 cm Durchmesser und wiederholen die Prozedur in 9 cm Abstand von diesem Ende. Auch die kleinen Stäbe werden an jedem Ende durchbohrt und zwar ebenfalls mit 0,3 cm Bohrer. Und dann schieben wir sie in die dafür vorgesehenen Löcher des großen Stabes. Mit etwas Holzleim sorgen wir dafür, daß sie bleiben, wo sie sein sollen. Das Ganze ergibt ein Doppelkreuz.

... ein quicklebendiges Wesen

Nun müssen wir die 8 Schnüre in der richtigen Weise mit dem Marionetten-Kreuz verbinden. Die Schnüre der beiden Hinterbeine kommen an die Enden des kleinen Holzstabes an Seite B. Die Schnur aus dem hinteren Körperteil wird im Mittelloch des großen Holzstabes verknotet. Die Schnur des linken Beines und der rechten vorderen Körperhälfte kommen an die linke Seite des kleinen Holzstabes an Seite A.

Die Schnur des rechten vorderen Beines und die Schnur der linken vorderen Körperhälfte werden am anderen Ende des vorderen kleinen Holzstabes verknotet.

Die Kopfschnur schließlich kommt ins erste linke Loch des großen Holzstabes.

Nun verzieren wir unsere Marionette noch, indem wir am Kopf Haare aus Wollfäden festkleben und Augen aus Korkscheiben. Die Nase wird aus einem Flaschenverschluß gemacht. Mitten auf die Kopfdose unter die Augen, wo sie hingehört. Aus Kork kleben wir in die Mitte des großen Dosenbodens noch einen Schwanz.

Fertig!

Wollen wir anfangen zu spielen?

Die Dosen-Stelzen

zwei Dosen (850 ml, für kleinere Kinder gehen auch kleinere)
einige Meter starke Kordel bzw. Paketschnur
Buntes vom Zeitungsstapel oder Buntpapier

Bei den Dosen werden die Deckel entfernt und eventuell Überstehendes mit Hilfe der Flachzange gesichert.

Die Verschönerungsaktion mit Hilfe von bunten Bildern oder Klebepapier machen wir jetzt. Dann bringen wir ungefähr 1–2 cm oberhalb des Dosenbodens an genau gegenüberliegenden Stellen zwei Löcher an, durch die wir anschließend die Schnur ziehen. Die Schnur wird so lang gewählt, daß sie dem Kind, welches die Stelzen benützen soll, bis über die Hüfte reicht.

Mit der zweiten Dose wird genauso verfahren. Und nun kann die Stelzenlauferei ihren Anfang nehmen.

Wer sich sein Werk genau ansieht, kommt ganz von allein auf die Idee, daß diese Stelzen für Barfußlaufen nicht geeignet sind. Also: Schuhe anlassen beim Stelzengang.

Für Kindergeburtstage oder ähnliche Feste ist es schön, wenn die ganze lustige Gesellschaft mit solchen Laufgeräten ausgerüstet ist. Rechtzeitig vorher anfangen!

Camera obscura

eine lange Würstchendose ohne Deckel
Butterbrotpapier oder Transparentpapier
eine alte Jacke aus dunklem lichtundurch-
   lässigem Tuch

In den Boden der Dose stechen wir mit dem Milchdosenpiekser ein winziges Loch. Die offene Seite der Dose überspannen wir zunächst mit dem Transparent- oder Butterbrotpapier, dann kleben wir mit Hilfe von Klebeband die Halsöffnung der Jacke um das Ende der Dose, wo wir auch das Transparentpapier angebracht haben. Damit erhalten wir eine Verdunklungseinrichtung, die es uns ermöglicht, die «Mattscheibe» unserer Camera obscura in völliger Dunkelheit zu betrachten. Nun richten wir das

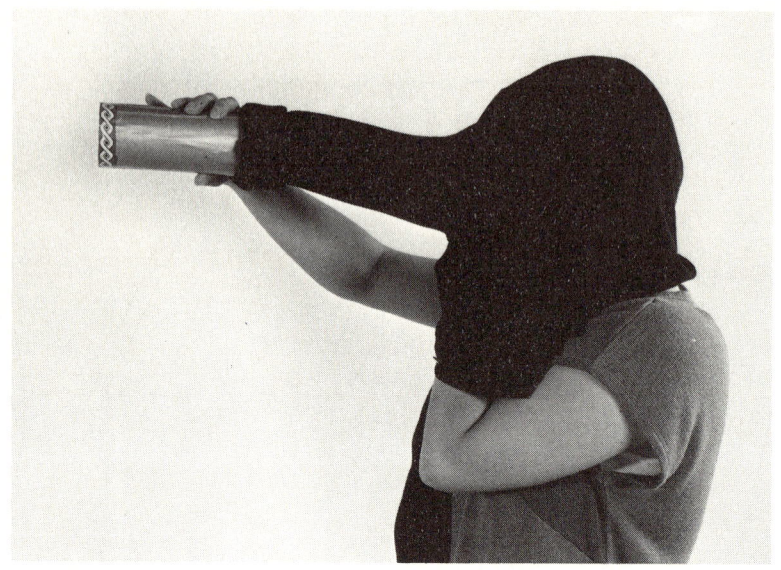

«Objektiv» unserer Kamera z. B. auf das Fenster oder eine andere Lichtquelle.

Was erscheint auf der Mattscheibe?

Tatsächlich, in unserer Camera obscura steht die Welt kopf!

Der Kronkorken-Kasper

mindestens 50 Kronkorken
verschiedene andere Deckel von Flaschen und
    leinen Gläsern
ein Sektkorken
Band
Blumendraht
diverses anderes aus der Krimskrams-Tüte

Zunächst werden alle Kronkorken und Blechdeckel in der Mitte mit dem Dosenpiekser gelocht. Ein Band (20 cm lang), an dessen einem Ende zur Sicherung eine Perle verknotet ist, wird – daraus sollen später mal die Beine werden – durch 20 bis 30 Kronkorken gefädelt und am anderen Ende verknotet. In der Mitte des Bandes machen wir ein zweites Band fest, das ebenfalls ca. 20 cm lang ist, und zwar nach dem Prinzip: Mitte an Mitte.

Er redet wie eine Rassel.
Hör mal hin!

Zunächst werden beide Enden unseres neuen Bandes durch je 10 bis 15 Kronkorken gezogen. Dann verknoten wir und machen aus den beiden Enden die Arme unserer Kronkorken-Figur, welche nun fast schon so aussieht, als ob sie auf Besuch vom Mars wäre. In unserem Beispiel (s. Foto) haben wir ein bißchen gemogelt: Der Kopf ist eine Styroporkugel, die aus einem Bastlerladen stammt; sie wurde mit Nadel und Faden angenäht. Aber selbstverständlich ist auch ein großer Sektkorken genehmigt. Er wird festgeknotet.

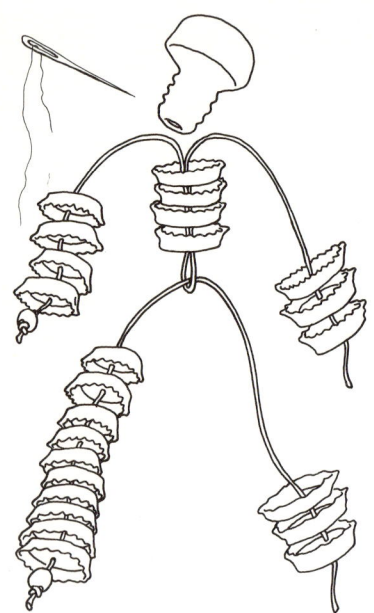

Geduldspiel No. 2

Cremedosendeckel
Stahlkugeln, z. B. von einem alten Kugellager

In die Innenseite des Deckels einer Cremedose werden mit Hilfe eines Körners aus Vaters Werkzeugkasten (ersatzweise tut es auch ein Metalldübel oder eine kleine Stahlkugel oder

ein anderes Metallstück mit abgerundeter
Spitze) ein paar kleine Vertiefungen geschla-
gen. Die gleiche Anzahl kleiner Stahl- oder
auch anderer Kugeln kommt in unser Geduld-
spiel hinein. Wir versuchen, sie mit Geduld oder
Glück in die Vertiefungen zu schaffen.

Nachbemerkung: Wem es zu schwierig oder
gar unmöglich ist, in den Deckel der Cremedose
Vertiefungen zu machen, der kann sich auch dadurch helfen, daß er ein Stück Postkartenkarton
in der Größe des Deckels ausschneidet und mit
Hilfe einer Schere Löcher macht. In den Cremedosendeckel plaziert, erfüllen nun diese Löcher
denselben Zweck wie sonst die Vertiefungen.

Und außerdem ...

Die Spardose

Spardosen dutzendweis kann sich jeder machen, der in der Verwandt- oder Bekanntschaft

passionierte Kaffeetrinker aufzuweisen hat, welche auf Kondensmilch nicht verzichten mögen. Diesen Mitmenschen sollte man allerdings mit einem Neuerungsvorschlag auf den Wecker fallen, damit das Werk auch wirklich gedeihen kann. Nämlich: sie sollen die Milchdosen hinfort nicht mehr direkt am Rand anpieksen, was bekanntlich die meisten Menschen machen, die in bedauerlicher Unkenntnis unserer Bastelvorschläge leben. Statt dessen befolgen sie unseren Rat und bringen die beiden notwendigen Entleerungsvorrichtungen zur Mitte hin auf dem Dosendeckel an, und zwar in etwa in einem Abstand voneinander, der dem Durchmesser eines Fünfmarkstückes entspricht.

Alles weitere, das Einsammeln der so vorbereiteten Dosen, ihre Reinigung, die Vereinigung der beiden Löcher zu einem Spardosen-

Schlitz, das Anmalen und Bekleben und schließlich die Füllung der fertigen Sparbüchse mit dem Notwendigen sind dann nur noch Routine für den versierten Nulltarif-Bastler. Vorteil dieser Spardose: Sie läßt sich ihren Inhalt wirklich nur mit dem Dosenöffner abluchsen. Und das ist eine sehr deutliche und endgültige Entscheidung, welche man sich gewiß dreimal überlegt.

In der Pfütze macht's erst richtig Freude!

Dosenlaufen

Wir brauchen drei Dosen pro Spieler. Um es besonders spannend zu machen, spielen wir das Spiel, nachdem es geregnet hat. Draußen, und wir suchen uns die größte Pfütze aus. Da hindurch soll es gehen! Auf zwei Dosen stehen wir, die dritte bauen wir vor uns auf. Und je nachdem, ob du nun Linksfüßer oder Rechtsfüßer bist, setzt du den linken oder den rechten Fuß vorsichtig darauf, die freie Dose vor, und vor und vor ... Und wenn keiner von der Dose rutscht, kommen alle trockenen Fußes durch den Pfützenteich.

Und jetzt das Ganze noch mal, und was haltet ihr davon, wenn wir es nun um die Wette probieren?

«Ich hab gefischt»

Ein altbekannter Evergreen und Spielehit ist dieses «Ich hab gefischt ...»

Oder hat eine(r) etwa den Spruch vergessen, der dazugehört?

Größer kann der Spaß nicht sein Also, wir wollen gnädig sein und ihn hier noch einmal wiederholen. Aber es ist gewiß das letzte Mal!

Moment mal, vorher sollten wir doch sagen, wozu dieser Spruch gemurmelt und gesprochen wird. Also, wir brauchen wieder eine Dose ohne Deckel (sie sollte einen möglichst großen Durchmesser haben) und ein paar Korken, welche an Bindfäden baumeln. Jeder Mitspieler bekommt einen Korken mit Faden: unsere Fische, die wir auf dem Küchentisch schwimmen lassen. Ja, genau, und einer hat die Dose. Er soll damit die Korken fangen. Und die anderen müssen aufpassen, daß sie ihre Fische durch schnelles Reagieren mit dem Faden vor dem Fänger retten. Und der Fänger mit der Dose ist es, welcher spricht – und jetzt kommt unser Spruch:

Ich hab gefischt, ich hab gefischt,
ich hab die ganze Nacht gefischt.
Doch hab ich keinen Fisch erwischt
– – NUR DICH!
Und dabei schlägt er zu!

Wichtig ist noch folgende Regel, die zu diesem Spiel gehört: Wenn ein Spieler seinen Fisch wegzieht, obwohl der Fänger den Fangversuch nur vorgetäuscht und nicht wirklich zugeschlagen hat, scheidet er genauso aus, wie wenn er gefangen worden ist. Wer als letzter seinen Fisch vor dem Fang bewahrt hat, darf nun selber Fänger werden, und ein neues Spiel beginnt!

Gabel-Läuten

Eigentlich sollte es ja eine Silbergabel sein. Wenn Mutter sie aber nicht herausrückt oder gerade keine greifbar is, tut es auch eine andere. Wir binden sie in der Mitte einer etwa einen Meter langen Schnur fest. Die Enden der Schnur wickeln wir um unsere Zeigefinger und stecken diese in die Ohren, und nun die Gabel gegen die Heizung oder einen anderen harten Gegenstand schwingen lassen.

Oh, wie läutet's in den Ohren!

Das Dosentelefon

Achtung! Achtung!
Es klingt nur in der
Dose...

Altbekannt und immer wieder beliebt: Wir verbinden zwei Dosen kleinerer Bauart mit einem festgedrillten Faden. Wer weiß es noch? Rich-

tig! Die Dosen sind sowohl Sprech- wie auch Hörmuschel. Damit unser Telefon funktioniert, müssen wir die Verbindungsschnur allerdings schön straff spannen. Dann klappt die Verständigung ganz ausgezeichnet.

Dosen, Blech und Dosen

Dosenwerfen

Lohnt es sich überhaupt, darüber noch irgendwelche Worte zu verlieren?

Zugegeben, die Sache mit der Pyramide, welche durch drei Würfe mit (weichen) Stoffbällen vom Brett geräumt werden muß, ist bekannt.

Achtung, Achtung! ... wenn der Faden nicht hängt lose.

Aber habt ihr auch schon mal probiert, die Bälle in drei unterschiedlich weit entfernte Dosen hineinzuwerfen? Oder mit Dosen selbst ein Wurf-Festival zu veranstalten?

Dabei können wir auch den Boden aus der Dose herausschneiden, einen Stab aufstellen. Und nun gilt es, die Dose so zu werfen, daß sie am Stab hängenbleibt. Vielleicht fallen euch noch andere Möglichkeiten ein? Jedenfalls paßt dazu der Spruch «Gut Dos!»

Kapitel 5

Hilfe! Holzwurm!

Holz fällt im Haushalt nur dann öfter an, wenn Vater oder Mutter begeisterte Heimwerker sind. Aber ab und an ist doch das eine oder andere Stück Holz unserer Sammlung einzuverleiben. Und wenn sich mal partout nichts einstellen will, na dann schauen wir mal da vorbei, wo gehobelt wird und die Späne fallen. Entweder bei einem befreundeten Hobbybastler oder in einer richtigen Schreinerei und Tischlerei. Die gibt es – wir haben es selber ausprobiert – tatsächlich noch, und man kann da meist umsonst oder gegen ein Trinkgeld Abfallholz bekommen, das für unsere Basteleien gerade richtig ist.

Und dabei brauchen wir unserem Onkel Theo nicht nachzueifern, der passionierter Heim- und Handwerker geworden ist. Nein, wir entwickeln überhaupt keinen Ehrgeiz in dieser Richtung. Schließlich wollen wir uns den Spaß NICHT VERMIESEN lassen!

Manche Sachen machen einfach mehr Freude, wenn wir sie aus Holz machen. Es ist haltbarer als Pappe, verbiegt sich nicht wie die

Dosen und zerspringt auch nicht wie Glas, wenn es hinunterfällt. Außerdem, es fühlt sich angenehm an, eine Wohltat für die Hand!

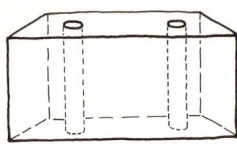

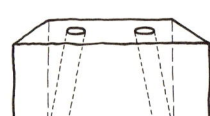

Klettermaxe

ein kleines Holz 2 × 3 cm, 10 cm lang
ein Holz 2 × 3 × 8 cm (kann auch breiter, sollte aber nicht länger sein)
fünf Korken
Bindfaden
eine Holzschraube von ca. 15 mm Länge
Buntes vom Papierstapel

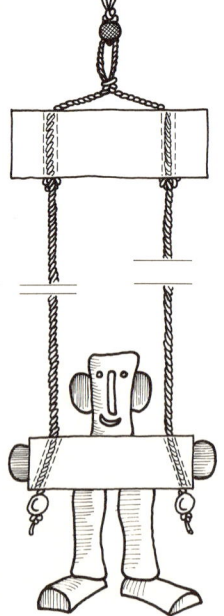

Zuerst bearbeiten wir das Holz von 10 cm Länge. Wir durchbohren jeweils 1–1½ cm von den Enden die Breitseite mit einem Handbohrer (ca. 2–3 mm dick). Dann wenden wir uns der gedrillten Schnur zu, in deren Mitte wir eine Schlaufe anbringen. Jeweils in 5 cm Abstand (eventuell kürzer) von der Schlaufe wird ein Knoten gemacht. Wir ziehen nun die Enden der Schnur durch die beiden Löcher des Holzes und schieben das Holz bis an die Knoten. Unterhalb des Holzes werden jetzt ebenfalls Knoten gemacht, so daß das Holz nicht mehr nach unten rutschen kann. Ein wesentlicher Teil, die Kletterleiter, ist fertig. Wichtig: Über dem Holz müssen die Schnüre sehr kurz zusammengeführt werden. Je länger, um so größer die Schritte; der Maxe klettert nicht mehr, wenn die Schnüre am Faden einen rechten Winkel bilden.

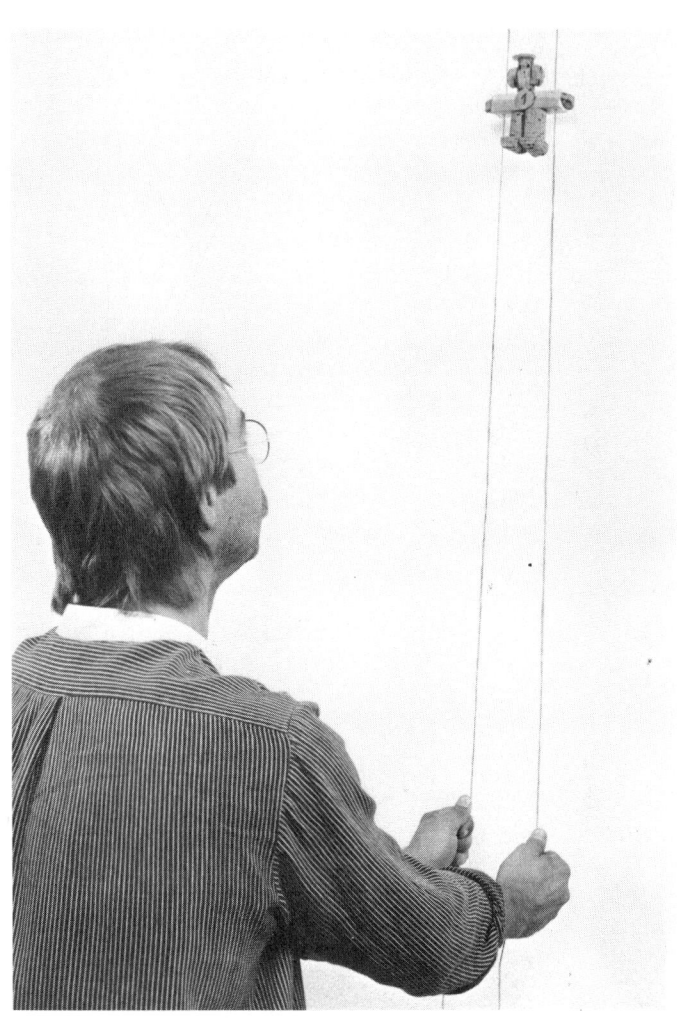

Für den Klettermaxe müssen wir das Holz
von 8 cm Länge ebenfalls durchbohren. Achtung! Die Bohrlöcher setzen wir oben etwa 1 cm
vom Ende des Holzes an, unten sollten sie aber

bei 5 mm Abstand ankommen. Diese Schräge ist für die Kletterfähigkeit wichtig.

Damit unser Klettermaxe sich nicht kopflos bewegt, erhält er aus einem Korken im Querformat ein entsprechendes oberes Ende, welches wir mit Kleber am Holz befestigen. Zwei Korken bilden die Beine, ein Korken wird längs halbiert, die beiden Hälften bilden die Füße. Der fünfte Korken wird quer in Scheiben geschnitten; die Scheiben werden halbiert und als Hände, Nase und Ohren angeklebt.

Jetzt müssen wir nur noch die Enden der Kletterleinen durch die schrägen Führungen in den Schultern vom Klettermaxe bringen und unten verknoten. Links zieh, rechts zieh, links zieh, rechts: Und schon wandert Klettermaxe ungehemmt nach oben.

Das Riechbrett

ein Brett oder starker Pappkarton, etwa in der Größe DIN A 4

Buntes aus dem Papierstapel

Schachteln von Waren, welche Gerüche verströmen (z. B. Seife, Kakao, Gewürze etc.)

Klebstoff ohne Eigengeruch

Wir achten darauf, daß die Duftdosen, -schachteln, -kisten und dergleichen ganz «frisch» sind, d. h. sie haben ihren Inhalt gerade eben erst hergeben müssen. Denn bereits nach zwei Tagen ist der Duft so verflogen, daß man von einem Riechbrett nicht mehr sprechen kann.

Wir bekleben die Geruchsträger mit buntem Papier, damit die Kinder nicht am Etikett erkennen können, was vorher darin gewesen ist. Die Schachteln werden auf das Brett geklebt oder mit bunten Heftzwecken daran befestigt. Los geht's mit der Riech-Polonäse.

Gedacht ist dieses Riechbrett für Kinder zwischen zwei und vier Jahren. Aber auch Sie selbst werden feststellen: Mehr als vier Gerüche kann

Hilfe! Holzwurm

Merkst du nun, was es heißt zu «verduften»?

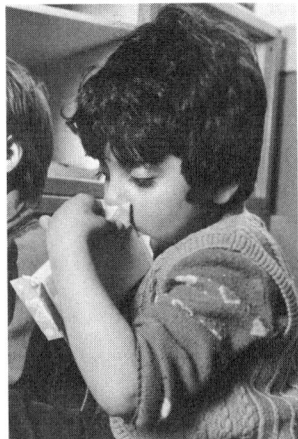

man – jedenfalls hintereinander – nicht unter-
scheiden.

Brett-Hockey

ein Brett aus unserer Holzkiste 15 × 30 cm oder
    größer
zwei hölzerne Eis-Stile
18 Pinnwandnägel (man kann aber auch ganz
    normale Nägel von 2½ cm Länge nehmen)
eine Holzkugel von ca. 1 cm Durchmesser
1 m Stoßband (bei größerem Holzbrett entspre-
    chend mehr!)
farbiges Klebeband (für die Fähnchen)
ein Stück Pappe für die Schläger
Klebeband

Vier Pinnwandnägel dienen als Eckpfosten. Wir
drücken sie entsprechend ein und befestigen um
sie herum das Stoßband. Damit ist das Spielfeld
abgegrenzt. Die Torpfosten werden in etwa
4–5 cm Abstand voneinander eingedrückt und

mit Fähnchen versehen. Die übrigen Pinnwandnägel stellen die stummen Spieler dar, die die
«Verteidigung» übernehmen. Aus der Pappe
schneiden wir vier Schläger zurecht. Je zwei
Schläger werden von zwei Seiten an einem Eis-
Stil angeklebt. Der Griff wird nun mit Klebeband umwickelt. Die beiden Hockeyschläger
sind fertig, das Spiel kann beginnen.

Die Spielregel ist ganz einfach: Treib die Kugel in das Tor des Gegners.

Die Blumenpresse

2 Bretter aus Holz (je 14 × 16 × 1,6 cm)
4 Flügelschrauben (mind. 3,5 cm × 5 mm)

Die beiden Bretter werden an den vier Ecken
durchbohrt. Wir benutzen die elektrische Bohr-
maschine mit einem 6-mm-Bohrer. Ein entsprechender Handbohrer tut es auch.

In die Löcher stecken wir je eine Flügel-
schraube entsprechender Länge.

Zwischen die Bretter legen wir Löschpapier,
zwischen das Löschpapier unsere Blumen.

Fertig ist unsere Blumenpresse.

Was wäre eine Blumenpresse ohne schöne
Bemalung und andere Zierde?!

Der Vierfüßler

zwei Bretter 90 × 8 × 1 – 2 cm
zwei Paar alte Gummistiefel
ca. drei Meter Saumband
Kontaktkleber
Schmirgelpapier

Die Holzbretter werden erst mal ganz toll glatt
geschmirgelt, damit niemand sich an Splittern
verletzen kann. Auf das erste Brett kleben wir
die beiden rechten Stiefel, und zwar hintereinander. Wir lassen vorne und hinten zum Ende
des Brettes einen Abstand von ca. 10 cm. Mit
dem anderen Brett verfahren wir genauso. Na-

*Stop! Erst noch
festbinden!*

türlich kann man für dieses lustige Spielzeug auch gebrauchte Halbschuhe nehmen. Allerdings haben die Kinder in schönen, großen, alten Erwachsenen-Stiefeln viel mehr Halt als in den Halbschuhen. Es geht los: Die Bretter werden nebeneinander gestellt. Zwei Kinder, eines vorne, eines hinten, schlüpfen in die Stiefel. Der linke Fuß steht im linken Stiefel auf dem linken Brett, der rechte Fuß im rechten Stiefel auf dem rechten Brett. Wenn die Stiefel viel zu groß sind, können die Kinder ihre eigenen Schuhe anbehalten.

Es hat sich als sinnvoll erwiesen, nun, nachdem die Füße drin sind, die Stiefel noch mit Hilfe des Saumbandes am Brett richtig festzubinden, da es oft nicht gelingt, eine dauerhaft haltende Klebung herzustellen und daher die Gefahr besteht, daß der Spaß schon nach einigen Metern zu Ende ist.

Und nun los! Am besten, wir lassen eine entsprechende Musik vom Kassettenrecorder ertönen, zum Beispiel «Auf, du junger Wandersmann». Ein wirkliches Vergnügen – auch für die Zuschauer.

Es muß wirklich nicht der ‹junge Wandersmann› sein!

Die Klapper-Klapperschlange

Holzklötze gleicher Größe
Stoffband
Klebstoff
Wolle

Wir benutzten 10 Holzstücke mit den Maßen 13 × 4,5 × 1 cm. Unser Band war 1,5 cm breit.

1. Schritt

Unsere Holzklötze stehen aufrecht auf der Längsseite. Das Band wird an der rechten Seite des ersten Klotzes in der Mitte von unten nach oben geführt und festgeklebt (s. Skizze). Nun führen wir das Band weiter über die obere Kante. Hier wird es nicht angeklebt. Zwischen dem ersten und dem zweiten Klotz verläuft das Band nun, wie in Skizze 2 gezeigt, diagonal und wird unter dem zweiten Klotz hindurchgeführt. Dann kleben wir es an die linke Seite des zweiten Klotzes, *nachdem* wir die Klötze und das Band dicht aneinandergeschoben haben. An der oberen Kante des zweiten Klotzes wird das Band abgeschnitten.

So geht es weiter von Klotz zu Klotz. Der zweite und dritte Klotz werden verbunden, indem wir das zweite Band wieder auf der rechten Seite – diesmal des zweiten Klotzes – von unten nach oben laufend in der Mitte festkleben (s. Skizze 3a) und wie unter «1. Schritt» beschrieben weiterführen (Skizze 3b).

2. Schritt

Auch unseren zweiten Arbeitsschritt müssen wir an jedem Klotz wiederholen. Alle Klötze müssen mit zwei parallel laufenden Bändern, die links und rechts neben dem mittleren Band entlanglaufen, verbunden werden. Sie verknüpfen die Klötze genau in entgegengesetzter Richtung wie das mittlere Band. Dabei sollten die

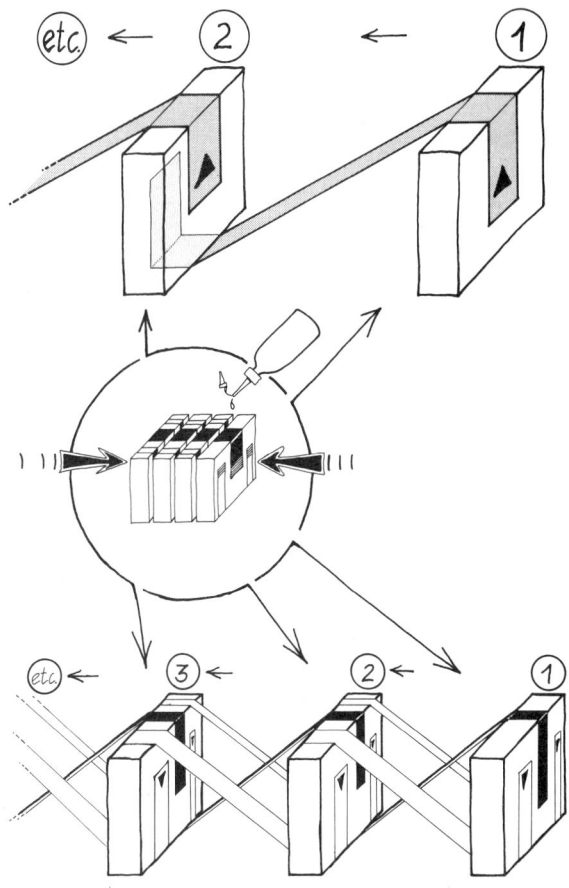

außen laufenden Bänder möglichst gleichzeitig angebracht werden.

Wir fangen wieder an der rechten Seite des ersten Klotzes an, indem wir die Bänder ankleben, diesmal allerdings beginnen wir oben und führen sie dann – ohne Kleben – *unter* dem Klotz durch diagonal hoch zum zweiten Klotz (s. Skizze 4). Über den zweiten Klotz hinüber geführt, werden sie auf der linken Seite des

Unglaublich, wie das nach unten abgeht!

zweiten Klotzes verklebt, nachdem die Klötze zuvor wieder eng zusammengeschoben worden sind.

So werden nacheinander alle weiteren Klötze miteinander verbunden.

Und wenn alles fertig ist? Man faßt den ersten Klotz mit Daumen und Zeigefinger der rechten oder linken Hand und hebt die Schlange so hoch, daß die Klötze hängen, ohne den Boden zu berühren. Jetzt bewegt man den ersten Klotz einmal nach rechts und einmal nach links: diese Bewegung setzt sich klappernd nach unten durch alle Klötze fort.

Wer es gruselig mag, klebt einen Schlangenkopf an – mit Augen und gespaltener Zunge.

Hilfe! Holzwurm

Hinweis

Je breiter die Klötze sind, um so geringer ist das Risiko, daß die Bänder abrutschen.

Profis kerben die Hölzer vor dem Verkleben ein. Dazu stemmt man um jeden Klotz herum drei parallel laufende Streifen mit dem Stechbeitel aus, nachdem man die Längsschnitte mit der feinen Säge eingeschnitten hat.

Und außerdem ...

Das Spannbrett

Ein Brett brauchen wir dazu und Nägel, welche wir mit leichten Hammerschlägen wie einen unordentlichen Wald in die Oberfläche des Bretts hineintreiben. Dann besorgen wir uns bunte Fäden, binden diese an beliebigen Nägeln fest und ziehen sie nun um andere herum, umspannen ganze Gruppen und lassen so ein schönes buntes

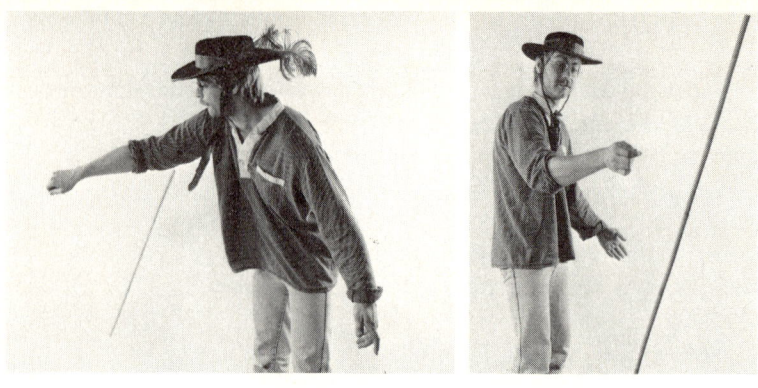

Bild entstehen. Wenn wir die Nägel ganz gleichmäßig verteilen, können wir Sterne oder Vielecke oder andere interessante Figuren auf diese Art entstehen lassen. Noch bunter wird unser Bild, wenn wir zwischen unsere kreuz und quer gespannten Fäden noch kurze Stoffstreifen oder Watte ziehen. Für verregnete Nachmittage.

Jonglieren mit dem Stab

Nehmen wir einmal an, Tante Emmi würde nicht schimpfen, wenn wir den Bambusstab aus

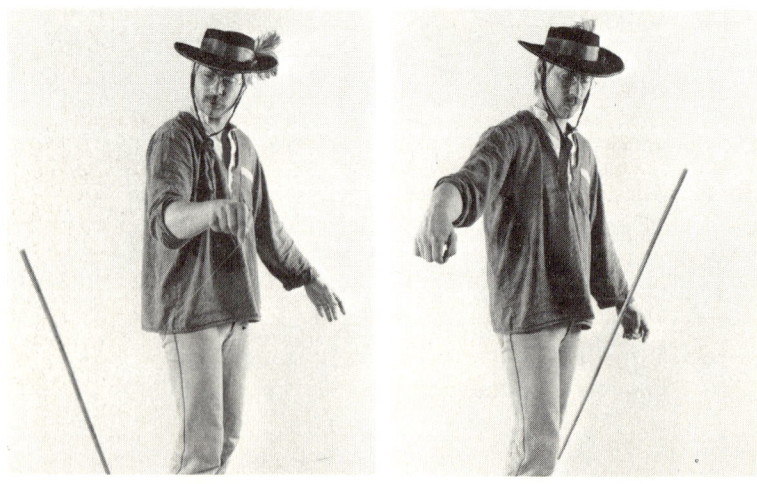

ihrem Blumentopf ziehen. Dann nehmen wir ihn einfach für diesen Spaß. Sollte aber Ihre Tante Emmi ebenso etwas gegen das Jonglieren mit ihrer Blumenstütze haben wie unsere Tante Emilie, dann müssen wir halt auf ein anderes schlankes gerades Stöckchen von ca. 12 bis 15 mm Durchmesser und etwa 80 cm Länge zurückgreifen.

Durch Balancieren desselben auf dem Finger ermitteln wir den Schwerpunkt, welcher bei einem ebenmäßig gewachsenen Stöckchen ziemlich in der Mitte liegen dürfte. Einen Zentimeter von diesem Schwerpunkt entfernt bohren

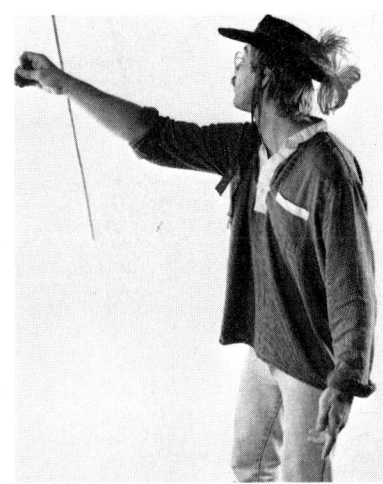

wir mit Hilfe des Handbohrers ein Loch. Was nun noch nötig ist, ist ein reißfester Faden, den wir durch das Loch ziehen. Der Faden soll etwas mehr als einen Meter lang sein, damit die Schlaufe, die wir aus den beiden Enden binden, etwa zehn Zentimeter über das Ende des Stöckchens hinausreicht.

Und nun? Es ist wirklich ein unglaubliches Vergnügen! Betrachten Sie unsere Fotos, und dann machen Sie es nach. Die Leichtigkeit, mit der das Stöckchen tanzt, fasziniert auch den allergrößten Miesepeter und macht ihn zu einem unermüdlichen Tänzer mit dem Stock, zu einem Wirbler, Schleuderer und Jonglierer – es ist die Leichtigkeit des Schwebens und die Vollkommenheit der Bewegung, die so fasziniert.

Kapitel 6

Glück und Glas

«Glück und Glas», dichtete der unbekümmerte Reimeschmied Johann Wolfgang von Goethe, «wie leicht bricht das!» Und das gilt für die Einwegflasche genauso wie für die Mehrwegflasche. In diesem Punkt sind die beiden (beinah) gleich. Allerdings gilt für die Mehrweggläser, daß diese etwas stabilere Wandungen haben als jene, die direkt zum Vergrößern des Müllberges bestimmt sind.

«Glück und Glas»: Zumindest wenn es sich um größere Stücke von zerbrochenen Scheiben oder gar Spiegeln handelt, können auch diese in unseren Nulltarif-Vorrat kommen. Ein bißchen Übung und Geschick gehören neben einem Glasschneider dazu, um aus den Scherben (Vorsicht!) brauchbares Spielmaterial zu machen. Der Glasschneider heißt nur so! Mit ihm soll nicht geschnitten, sondern das Glas angeritzt werden, dann – wir haben es mit der angeritzten Linie auf eine Tischkante gelegt – wird es *gebrochen*!

Glasgefäße wie z. B. Marmeladengläser sind – anders als Dosen – nach dem Leeren umstandslos wieder zu verschließen. Wenn man die Deckel aufbewahrt und sie nicht angepiekst hat.

Das Buddelschiff

(Bausatz für Dreijährige)
1 Glasgefäß mit Schraubverschluß
Papier zum Falten des Schiffes
Papier vom Papierstapel

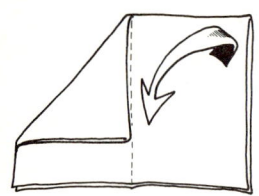

Die Faltarbeit

Wir klappen die oberen Ecken einer einmal gefalteten Zeitungsseite so um, wie die Skizze 1 das zeigt. Die freibleibenden Randstreifen werden nach vorn und nach hinten umgeknickt.

Die überstehenden Spitzen werden wie folgt umgelegt (s. Skizze 2): Die linke Spitze der vorderen Seite wird nach hinten umgefaltet, die linke Spitze der hinteren Seite wird darüber nach vorne gefaltet. Rechts machen wir es genau umgekehrt.

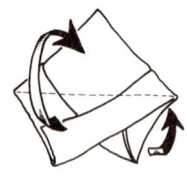

Nun greifen wir den Hut mit beiden Händen am linken und rechten unteren Eck und drücken ihn zusammen. Es ergibt sich Bild 3.

Wir falten die untere Hälfte entlang der gestrichelten Linie (Skizze 3) nach oben. Es entsteht ein Dreieck (Skizze 4).

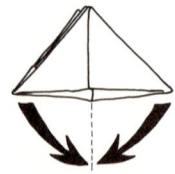

Jetzt greifen wir wiederum die unteren Ecken und schieben sie zusammen. Neuerlich ist ein Quadrat entstanden. Unser Schiff formt sich aus, sobald wir die Spitzen des Quadrats (Skizze 5) auseinandergezogen haben.

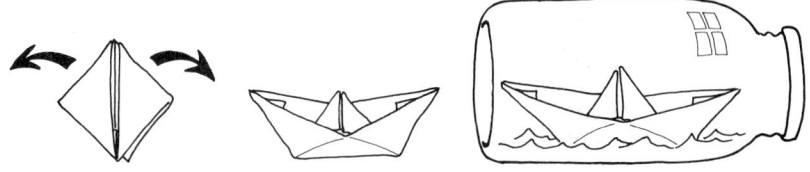

Die Buddelei

Das Papierschiff wird nun bunt bemalt. Es erhält auch einen Namen und Fahrgäste. Auf den Boden des Glasgefäßes kleben wir innen ein Stück Papier, das z. B. blau ist. Noch besser: ein Illustriertenbild von einer Wasserfläche. Das Schiff wird durch die große Öffnung geschoben und auf dem Papier festgeklebt. Wir schrauben das Glas zu und lassen es im Handwaschbecken vom Stapel laufen.

Schiff ahoi!

Ein Schiff namens Rotkohl gibt's doch nicht. Umtaufen!

Das Schüttelspiel

1 Glasgefäß mit Schraubdeckel
Glyzerin
destilliertes Wasser
Glitzerpulver
1 wasserfeste Figur
Kontaktkleber

Wir messen aus, wieviel Milliliter Wasser unser Gefäß faßt. Nun kaufen wir in der Drogerie die entsprechenden Mengen Glyzerin (zwei Teile) und destilliertes Wasser (ein Teil). Auch das Glitzerpulver erhalten wir in der Drogerie.

Mit einem Kontaktkleber befestigen wir die Figur an der Innenseite des Deckels. Wir geben das Pulver in die Flüssigkeit und schrauben den Deckel, an dem unsere Figur klebt, zu.

Mit dem einsetzenden Schneesturm muß die Figur allein fertig werden!

Die Wasseruhr

2 Glasgefäße mit gleich großen Schraubdeckeln
   aus Metall
2 Plastikhalme
Wollfaden
wasserfester Klebstoff

Wir kleben die beiden Deckel (mit den Außen-
seiten) aneinander. Ist der Klebstoff gut durch-

*Wie lange braucht die
Wasseruhr für einen
Durchlauf?*

getrocknet, stechen wir zwei Löcher in die Dek-
kel. (Mit dem Pikser aus der Küche bohren wir
zweimal durch beide Deckel hindurch, und zwar
nicht zu dicht am Rand.) Nun schieben wir die
Halme in die Löcher hinein.

Mit einem Tropfen Klebstoff dichten wir die
Löcher rund um die Halme ab. Der geklebte
«Doppeldeckel» wird auf eines der Gefäße ge-
schraubt. Der Halm wird auf $\frac{2}{3}$ der Gefäßlänge

*(K)eine Alternative
zur Digitaluhr?*

gekürzt. Am anderen Ende wird er bündig im
nach oben zeigenden Deckel abgeschnitten.

Beim zweiten Halm verfahren wir in der glei-
chen Weise.

Um zu prüfen, ob unsere Gefäße dicht schließen, füllen wir ein Gefäß mit Wasser und lassen
das Wasser vom oberen ins untere Gefäß laufen.

Wenn nichts ausläuft, verändern wir jetzt die
Durchlaufgeschwindigkeit. Diese ist um so nied-
riger, je enger das Plastikhalm-Loch ist. Wir können das Loch mit abgeschnittenen Halmresten
verengen oder einen Wollfaden durch den Halm
schieben. Hier hilft uns eine Stricknadel. Unsere
Uhr hatte beim ersten Halm eine Durchlaufzeit
von 45 Minuten, und beim zweiten Halm floß das
Wasser in 10 Minuten hindurch.

Zum Schluß färben wir das Wasser mit dem
Filz eines verbrauchten Filzstiftes und haben
deutlich vor Augen, wie die Zeit in der Schul-
stunde tröpfelt und in der Pause dagegen rast.

Um keine falschen Erwartungen aufkommen
zu lassen: die Fließgeschwindigkeit des Wassers
verändert sich während des Durchlaufs ein wenig. Wer seine Zeit ganz exakt messen möchte,
sollte dazu dann doch lieber die altbewährte Kü-
chenuhr oder die telefonische Zeitansage benutzen. Die ist schon exakter.

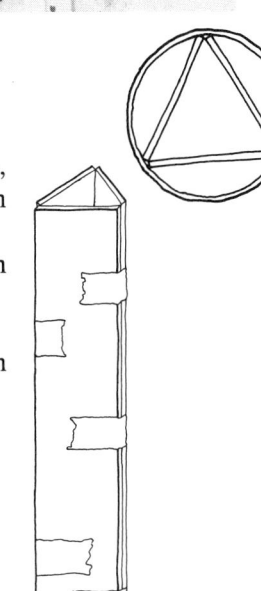

Kaleidoskop

stabile Pappröhre (z. B. Teil einer Plakatrolle,
  der Innendurchmesser muß mindestens 5 cm
  betragen; unser Stück muß 20 cm lang sein)
drei Spiegelscheiben 20 × 4 cm (z. B. von einem
  alten Spiegel, nicht stärker als 3 mm)
Klebeband
ein Pappstreifen von 16 cm Länge und 5 cm
  Breite
Pappe
Butterbrotpapier
Frischhaltefolie
bunte Kristalle, Glaskugeln o. ä.

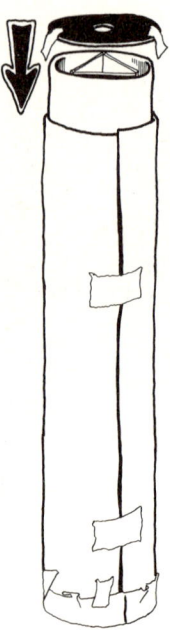

Zwei der Spiegelscheiben werden Spiegelfläche an Spiegelfläche aneinandergelegt. An einer Längsseite verbinden wir sie mit Hilfe des Klebebandes. Danach kleben wir die dritte Spiegelscheibe so zwischen die beiden anderen, daß eine Dreiecksäule entsteht. Diese Säule schieben wir in die Papphöre. Aus schwarzer Pappe schneiden wir ein rundes Stück von 5 cm Durchmesser und darein ein Loch von ca. 1 cm Durchmesser. Diesen runden Karton kleben wir auf das eine Ende der Röhre, die Gegenseite wird mit Klarsichtfolie verschlossen.

Aus dem Pappstreifen von 5 cm Breite und 16 cm Länge machen wir eine 5 cm lange Röhre, deren Durchmesser so sein muß, daß die Papphöre hineinpaßt. Mit Klebeband machen wir diese Zweitröhre haltbar. Auf der Unterseite erhält sie einen Boden aus Butterbrotpapier. Fertig ist das «Überrohr».

Bevor wir es an der Transparent-Seite dem Kaleidoskop «überziehen», füllen wir es mit bunten Kristallen oder Glaskugeln und dergleichen. Dann: Wir schauen durch das kleine Loch, drehen das Kaleidoskop und können uns und unsere Kinder faszinieren lassen.

Immer neue Figuren und Farben. Selbstgemacht!

Und außerdem ...

Die Kerze hinter der Flasche

Eine schöne durchsichtige Glasflasche ist dafür bestens geeignet. Wir stellen eine brennende Kerze dahinter, setzen uns vor die Flasche. Wie kriegen wir die Kerze aus?

Ganz einfach! Auf die Flasche pusten! Versuchen! Es klappt.

Die Papierkugel in die Flasche pusten ...

Nichts ist leichter, als ein Papierkügelchen, das im Hals einer Flasche liegt, in den Bauch derselben zu pusten. Oder? Probieren geht über studieren!

Kapitel 7

Das Nulltarif-Orchester

Dieses Kapitel ist das einzige, das nicht nach dem Gesichtspunkt des vorwiegend benutzten Materials zusammengestellt wurde. Diesmal verwenden wir «Rohstoffe» aus allen unseren Sammlungen und Behältnissen, Holz und Glas, Papier wie Blech. Natürlich ist das kein richtiges Orchester, das wir mit Hilfe der verschiedensten Stoffe und uns mittlerweile auch vertraut gewordenen Arbeitstechniken herstellen. Und es sind auch keine Musikinstrumente in diesem Sinne, vielmehr Klangkörper bzw. Klangspielzeuge, die aber viel Spaß machen können. Melodien kann man mit ihnen kaum erzeugen, aber z. B. interessante Rhythmen. Ein Kind fängt an, und die anderen machen weiter. Man kann mit Hilfe unserer Klangkörper Geschichten untermalen, z. B. wenn Begriffe wie laut und leise, langsam und schnell, hoch und tief, scharf und stumpf, hart und weich, kurz und lang in ihr vorkommen: entsprechende Begleitung durch das Nulltarif-Orchester kann die Sache richtig schön spannend und aufregend werden lassen.

Wenn man die Sachen den kleinen Kindern

einfach so überläßt, haben sie auch ihren Spaß daran, indem sie – wie Max und die wilden Kerle – einfach Krach machen. Und selbstverständlich: das halten viele von unseren Erfindungen nur eine begrenzte Zeit aus. Aber was macht das schon!

Trommel

Waschmitteltonne mit Deckel
Geschenkbandrest (eine Schnur tut es auch)
Buntes vom Papierstapel
Stoffreste, Alufolie etc.

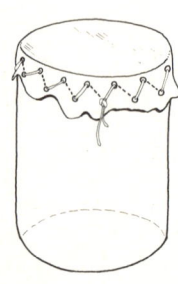

Das Fellspannen der Waschpulvertrommel. Ausprobiert mit doppelt gelegter Plastiktüte und einfachem Bindfaden. Hilfsmittel: eine große Nähnadel und ein Dosenpiekser.

Aus dem Bunten vom Papierstapel schneiden wir Motive aus (z. B. Tiere, die Krach machen) und bekleben die Tonne damit. Das Geschenkband oder den Bindfaden benutzen wir, um die Trommel umhängen zu können. Wir machen dafür an zwei gegenüberliegenden Stellen der Trommel ca. 5 cm unterhalb des oberen Randes je ein Lochpaar im Abstand von 2 cm, wo wir die beiden Enden des Bandes fest verknoten.

Der Deckel wird ebenfalls beklebt. Von der Art der Materialien, die wir dafür verwenden (z. B. Alufolie oder ein dicker Stoffrest), hängt ab, wie die Trommel hinterher klingt: dumpf oder hell, dröhnend oder dünn.

Der Deckel wird aufgesetzt und am Rand mit Klebeband festgemacht. Getrommelt wird mit den Fingern. Womit denn sonst?

Ganz andere Töne können wir der Trommel entlocken, wenn wir statt des Deckels andere Materialien als «Trommelfell» benutzen. Z. B. Material von einer alten Plastiktischdecke oder ein altes Fensterleder (das ist nur etwas für Profis, denn das Leder muß gespannt werden – siehe Skizze oben links).

Rasseln

kleinere Konservendosen oder Papierrollen (z. B. Klopapierrollen)

Bindfaden oder Klebeband oder Einmachgummi

Plastik- oder Stoffstücke oder Metalldeckel, welche auf die Dosen/Rollen passen

Erbsen, Sand, Knöpfe, Glasperlen, Murmeln oder andere Dinge, die in der Rassel den Ton erzeugen sollen.

Eine starke Percussion-Formation

Die Dosen werden nach Belieben beklebt oder nicht beklebt und mit den Geräusche-Machern gefüllt. Wir verschließen sie mit Plastik oder Tuch mit Hilfe von Gummi oder Klebeband.

Die selbstverständlichste Sache von der Welt: Sobald wir diese Rasseln in der Hand haben, fangen die meisten an, sich tanzend durch den Raum zu bewegen.

Und vielleicht entdeckt der eine oder die andere es ja von alleine: Rasseln sind nicht nur zum Rasseln da; wenn man sie kreisend in der Luft bewegt, geben sie ganz andere Töne – fein summende oder singende – von sich.

Und diesen Rhythmus bitte nochmal!

Kronkorken-Tamburin

Deckel von einer Waschmitteltrommel
Buntes vom Papierstapel
Bindfaden (reißfest, möglichst Nylon)
Knöpfe, Kronkorken, Flaschenverschlüsse

Die Kronkorken werden mit Hilfe von Nagel und Hammer oder mit Hilfe eines Milchdosenpieksers durchlöchert.

Wir ziehen möglichst viele dieser Kronkorken (20–30) auf eine Nylonschnur und befestigen diese am Rand des bunt beklebten Deckels. Genauso verfahren wir mit Knöpfen und anderen geräuschvollen Dingen, bei deren Auswahl unserer Fantasie keine Grenzen gesetzt sind.

Jammernde Röhre

eine Pappröhre zum Plakatversand
Nylonfaden
ein Stückchen Holz (etwa halb so lang wie der
  Durchmesser der Röhre)
Buntes vom Papierstapel

In der Mitte schneiden wir aus der Röhre eine
Öffnung, die etwa zehn Zentimeter lang und
etwa halb so breit wie der Durchmesser der
Röhre ist. Zunächst wird die Röhre mit Hilfe
eines scharfen Messers quer eingeschnitten (für
die «Breitseite» der Öffnung), dann bringen wir
die Längsschnitte an, die – wie gesagt – zehn
Zentimeter lang werden. Neben der so entstandenen Öffnung – Abstand etwa ein bis zwei
Zentimeter – kerben wir den Karton an einer
Seite ein, und zwar so breit, wie das Holz ist.
Damit wird die Auflagefläche zum Aufkleben
des Holzes vergrößert. Nach dem Aufkleben
des Holzes machen wir an beiden Enden der
Röhre zwei oder drei (je nach Anzahl der Saiten, die wir aufspannen wollen) Löcher. In die-

*Was aus einer Plakat-
rolle werden kann*

sen Löchern verknoten wir die Nylonfäden. Besonders komfortabel wird es, wenn wir verschieden dicke Nylonfäden benutzen.

Mit den Fingern «bestimmen» wir, in welcher Tonhöhe wir jammern: Je nachdem, an welcher Stelle wir die Saiten gegen die Röhre drücken, verändert sich die Höhe der Töne, die wir beim Zupfen hervorrufen.

Wenn dieser Klangkörper im Nulltarif-Orchester mitspielen soll, ist zu bedenken, daß er ziemlich leise Töne von sich gibt und diese in dem Lärm untergehen, der von Trommeln oder Rasseln erzeugt wird. Eher etwas für sensible Solisten!

Der Zupfbügel

ein Holzbügel
Nylonband
Bonbon- oder Dropsdose
5 Ringschrauben
1 kleine Holzschraube von ca. 10 cm Länge

In den Bügel werden an dem einen Ende zwei der Ringschrauben von rechts, zwei andere von links eingeschraubt. Wichtig: mit einem Handbohrer vorbohren. Sonst splittert der Bügel.

Die Ringschrauben werden zunächst so tief wie möglich eingeschraubt. Dabei sollte so etwas wie ein «Gewinde» im Holz entstehen. Wir drehen dann die Schrauben so weit wieder zurück, daß wir die Saiten bedenkenlos an ihnen befestigen können.

Am anderen Ende des Bügels, an der unteren Schmalseite, wird in ein ebenfalls vorgebohrtes Loch die fünfte Ringschraube eingedreht. Sie dient dazu, die vier Saiten zu befestigen, deren andere Enden an je einer der vier Ringschrauben gegenüber festgebunden werden. Dabei ziehen wir – das ist wichtig – den Nylonfaden durch den Ring, bevor wir zuknoten. Dadurch entsteht die Möglichkeit (durch das Wiedereindrehen der Ringschrauben), die Saiten zu spannen und damit zu stimmen. Etwa auf halbem Wege zwischen den vier Ringschrauben und der Mitte des Bügels bohren wir an der Unterseite ein Loch, wo später der Resonanzboden befestigt werden wird.

Dieser soll aus der Bonbondose entstehen. Hierfür ist es nützlich, eine Eisensäge im Hause zu haben. Auch ein altes Messer kann benutzt werden. Allerdings: Achtung! Nach Beendigung der Prozedur ist es mit Sicherheit nicht mehr sehr scharf. An der Oberkante der Dose bringen wir im Abstand von ca. einem Zentimeter vier Kerben von ca. einem bis anderthalb Millimeter Tiefe an. Durch diese Kerben führen

Wichtig: die Ringschrauben am linken Ende zum Stimmen

wir die vier Nylonschnüre. Die Dose haben wir dabei zwischen Schnüre und Bügel geschoben (siehe Foto S. 125), die Kerben in Richtung der vier Ringschrauben. Wir drücken den Resonanzkörper möglichst weit in Richtung der Ringschrauben. Wir nehmen nun Maß, an welcher Stelle im Resonanzkörper wir das Loch machen müssen, um ihn an der vorgebohrten Stelle mit der Schraube an der Bügelunterseite zu befestigen. Jetzt können die Saiten (durch das Hineindrehen der Ringschrauben) gespannt werden.

Man kann einen solchen Klangkörper auch herstellen, indem man eine größere (z. B. Keks-) Dose auf ein längliches Brett nagelt. Als Saiten lassen sich dann auch Drähte verwenden. Das Brett splittert nicht so leicht wie der Bügel, die Saiten reißen weniger schnell, und die Töne sind lauter.

Die singende Dose

eine Konservendose (850 ml) ohne Deckel
festgedrehtes Band (z. B. Gardinenband)
eine Leiste, ca. 1 × 4 cm, Länge 20–30 cm
eine Ringschraube

In die Mitte des Dosenbodens machen wir mit Hilfe eines Dosenpieksers ein Loch. Dann nehmen wir das Holz zur Hand. In etwa 2–3 cm Abstand von einem der beiden Enden sägen wir es bis zur Hälfte seiner Dicke ein und spalten das eingesägte Stück zum Ende hin ab, so daß wir eine Möglichkeit haben, das Holz auf der Dose fest anzusetzen. Ins andere Ende des Holzes kommt die Ringschraube, in die wir den Bindfaden verknoten. Dieser wird durch das Loch in der Mitte des Dosenbodens gezogen. Wir verknoten ihn so, daß er lang genug ist, damit wir mit dem Holz den Faden straff spannen können. Überraschend, was für Töne wir durch Zupfen an dem Bindfaden erzeugen!

Besonders voll und laut wird der Ton dadurch, daß wir die Dose auf einen festen Grund stellen und sie z. B. mit den Füßen festhalten.

Das Nulltarif-Orchester

Die Weckglas-Flöte

ein Zwei-Liter-Weckglas oder eine hohe Dose
    von Bockwürsten oder etwas anderes
ein mindestens 20 cm langes Röhrchen (z. B. aus
    Glas, etwa von Liebesperlen, oder Metall,
    etwa Überbleibsel von der letzten Klempner-
    Installation) oder ein Stück Gartenschlauch
2 l Wasser

Das Wasser wird in das Behältnis gefüllt. An sich ist das Instrument jetzt schon fertig. Wir senken das Röhrchen ins Wasser und pfeifen wie auf einem Schlüssel (schräg anblasen). Wenn wir dabei das Röhrchen tiefer oder höher bewegen, machen wir eine überraschende Entdekkung.

Dieses «Instrument» erfordert etwas Geschick, d. h. es klappt auch bei Erwachsenen si-

Wer auf einem Röhrchen flöten kann ...

cher nicht immer beim ersten Hineinblasen.
Kinder haben aber schon Spaß daran, hineinzu-
pusten und blubbernde Geräusche zu erzeugen.

Die Eislöffel-Schnarre

ein Eierkarton oder eine andere ähnlich große
«Kiste», die als Resonanzboden dienen kann
Eislöffel oder Eierlöffel oder dünne Leisten aus
Holz oder ein Metallstreifen aus einem Schnell-
hefter oder ein anderer Metallstreifen, den man
in Schwingungen bringen kann

Eier- oder Eislöffel aus Plastik enthalten in vielen Fällen Kadmium, weswegen man nicht
daran rumknabbern sollte. Dieses Plastik sollte
möglichst nicht mehr in den natürlichen Kreis-

lauf gebracht werden, also auch nicht auf eine Müllkippe, da es die Umwelt vergiftet. Es bietet sich also an, eine andere Verwendung dafür zu

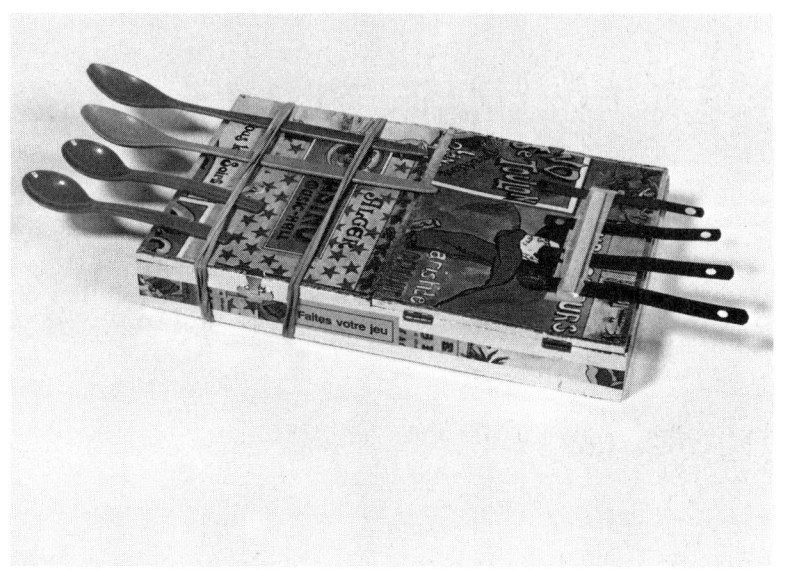

finden. Die Eislöffel-Schnarre ist eine solche, die unser Nulltarif-Orchester bereichert.

Eislöffel oder Eierlöffel oder Metallstreifen werden mit Hilfe von Klebeband auf dem als Resonanzboden dienenden Kasten befestigt.

Die Höhe der durch Anreißen zu erzeugenden Töne variieren wir dadurch, daß wir die Eislöffel oder Metallstreifen verschieden weit über den Rand der Kiste hinausragen lassen.

Das Messer-/Löffel-/Gabel-Xylophon

alles mögliche aus dem Besteckkasten
Schrauben (möglichst dicke und schwere)
Metallenes jeder Art aus der Metallkiste
ein Bügel (z. B. einer aus Draht, wie die Wä-
scherei ihn kostenlos liefert)
Nylonfäden

Mit Hilfe der Nylonfäden werden die verschiedenen Teile aus Metall an dem Bügel befestigt.
Es ist ratsam, die Nylonfäden nicht zu lang zu
machen, weil sich sonst beim Spielen leicht eine
Verwirrung im wahrsten Sinne des Wortes ergibt. Mit einem Löffel schlagen wir die einzelnen Klangkörper unseres Xylophons an.

Bekannt ist das Flaschen-Xylophon. Trotz-
dem erwähnen wir es hier noch einmal: Eine
Reihe von Flaschen, verschieden hoch mit Wasser gefüllt, bieten eine gute Möglichkeit zum
Xylophon-Spielen, da wir die Tonhöhe, welche
vom Wasserstand abhängt, genau regulieren
können. Eine wirklich stimmbare Angelegenheit!

Register

Liebe Leserin, lieber Leser!

Mit diesem Register wollen wir Ihrer Phantasie ein bißchen auf die Sprünge helfen. Sie haben einen Rest – etwas, was Sie nicht mehr brauchen. Ob in diesem Buch eine Idee für die Verarbeitung Ihrer Sache ist, das sagen wir Ihnen im folgenden. Beispiel: Sie haben altes Besteck übrig. Was könnte man damit tun? Sie sehen nach unter «Besteck» und finden, daß sie unter «Gabel-Läuten» auf S. 89 und unter «Das Messer-Löffel-Gabel-Xylophon», S. 100, nachschlagen können. Dort geht's dann weiter. Alles klar?

135

Dieses ist ein Rowohlt-Buch, das im Büro für wissenschaftliche Publizistik konzipiert wurde. Einige Bücher, die aus dieser Werkstatt stammen, sind im Verlag und im Buchhandel nicht mehr erhältlich. Von den folgenden Titeln haben wir aber noch Exemplare vorrätig, die Sie beim Büro für wissenschaftliche Publizistik bestellen können.

Hans H. Hopf: **Kinderträume.** Traumbilder verstehen und auf sie eingehen, 96. Seiten

Das einzige Buch, das sich in verständlicher und zugleich seriöser Weise, fußend auf der Psychoanalyse, mit dem Verstehen kindlicher Träume beschäftigt.
Best.-Nr. 81301   **9,80**

Ina Fritsch: **Eltern trennen sich.** Kinder und Erwachsene meistern gemeinsam die Krise, 96 Seiten

Die in Italien lebende Kinderbuch- und Hörspielautorin zeigt die Trennung aus der Perspektive der betroffenen Tochter. In einer zweiten Geschichte schildert sie ihre eigenen Empfindungen und Probleme.
Best.-Nr. 81302   DM **9,80**

Gisela Gerber: **Umzug tut weh.** Probleme in Schule und Familie – Eltern helfen ihren Kindern, 96 Seiten

Eigentlich müßte dieses Buch heißen: Wie man verhindert, daß Umzug weh tut. Denn dieses Buch ist voller guter Tips und hilfreicher Ratschläge.
Best.-Nr. 81303   DM **9,80**

Iris Mann: **Aus der Behinderung ins Leben.** «Sorgenkinder» entfalten ihre Fähigkeiten, 96 Seiten

Die viel beachtete Autorin («Die Kraft geht von den Kindern aus») legt hier einen Bericht über Julia vor, die – schwer geistig behindert – lernt, ihre Fähigkeit zu entfalten und dabei zu einer Herausforderung für die Autorin wird. **Nur noch wenige Exemplare!**
Best.-Nr. 81304   DM **9,80**

Hans H. Hopf: **Unser krankes Kind.** Besser verstehen – einfühlsamer helfen, 140 S.

Der Autor zeigt, wie sich hinter dem sichtbaren Krankheitgeschehen Konflikte des Großwerdens und mit der Umwelt, aber auch Chancen der Problembewältigung bemerkbar machen.
Best.-Nr. 81333   DM **9,80**

Uschi Madeisky/Klaus Werner: **Flucht in die Sucht.** In Selbsthilfe-Gruppen finden Eltern ein neues Verhältnis zu ihren Kindern. 128 S.

Die Schwierigkeiten, Möglichkeiten und Chancen der Eltern-Selbsthilfegruppen werden hier ohne Schminke und ohne Defätismus solidarisch vorgestellt.
Best.-Nr. 81334   DM **9,80**

Werner und Xenia Raith: **Behinderte Kinder – gemeinsam mit anderen.** Erfahrungen mit der Integration, 128 S.

Das einzige Buch in der BRD, welches umfassend über die Integration «behinderter» – und d. h. hier vor allen: «geistig behinderter» – Kinder in Italien berichtet und auch über Modelle hierzulande: Uckermarck u. a.
Best.-Nr. 81335   DM **9,80**

Inge Nordhoff: **Erste Liebe.** Kinder lösen sich aus der Familie – Eltern entdecken sich selbst, 96 Seiten

Daß Töchter heute mit vierzehn die Pille haben wollen, scheint etwas Alltägliches zu sein. Allerdings, weder die Eltern noch die Töchter oder auch Söhne werden mit den Herausforderungen der neuen Rollenerwartungen so einfach fertig.
Best.-Nr. 81305   DM **5,80**

Horst Speichert: **Umgang mit der Schule.** 220 S.

Von diesem «Klassiker» der Schulreform, für Eltern geschrieben, haben wir nur noch **wenige Exemplare** auf Lager.
Best.-Nr. 81307   DM **5,80**

Zehn kleine Zottelchen heißt die Kassette für Kinder, Eltern und Erzieher mit 36 Liedern zum Tanzen, Spielen, Bewegen oder einfach Zuhören (incl. Notenheft). Sie ergänzt das viel beachtete rororo Sachbuch **Fingerspiele und andere Kinkerlitzchen** von Raimund Pousset. Best.-Nr. 83003   DM **24,00**

Bestellen Sie mit einer Postkarte. Wir liefern gegen Rechnung, 4,– DM Versandgebühren, ab 25,– DM Frei! Büro für wissenschaftliche Publizistik, Teutonenstr. 32b, 6200 Wiesbaden

---

Mit Kindern leben

Praktische Tips,
Ideen,
Hilfen für Alltag
und Freizeit
mit Kindern

Mit
Kindern
leben

ro
ro
ro

C 2181/5 c